Der Modellhubschrauber T-Rex 600

Bauen und Einstellen

Stefan Pichel

Fotomodell: Jennifer Kurre

Lektor: Volker Gegenfurtner

Bibliografische Information der Deutschen Nationalbibliothek
Die Deutsche Nationalbibliothek verzeichnet diese Publikation in der Deutschen Nationalbibliografie; detaillierte bibliografische Daten sind im Internet über http://dnb.d-nb.de abrufbar.

Webseite: www.heli-spass.de   Email: abgehoben@heli-spass.de

Herstellung und Verlag: Books on Demand GmbH, Norderstedt

ISBN: 978-3-8370-2972-7

Vorwort

Nachdem ich den kleinen T-Rex 450 erfolgreich zusammengebaut hatte, ihn mehrfach erfolglos geflogen bin, um ihn anschließend durch erneutes erfolgreiches Zusammenbauen besser kennenzulernen, musste eine neue Wunderwaffe her: der T-Rex 600. Der T-Rex 600 spielt in einer ganz anderen Gewichtsklasse als der T-Rex 450, ist aber im Grunde genommen eine vergrößerte Ausgabe des 450er Modells. Trotzdem hat Align die Zeit genutzt, die Bedienungsanleitung für den T-Rex 600 komplett umzuschreiben und sie im Vergleich zur Version für den T-Rex 450 wesentlich verbessert. Allerdings ist es nicht jedermanns Sache, den Aufbau aufgrund der Explosionszeichnungen mit eingezeichneten Kommentaren zu beginnen. Zudem beinhaltet der T-Rex Bausatz wenige Hinweise zu Einbau und Konfiguration der elektronischen Komponenten. Aus diesem Grund soll der T-Rex 600 nun auch eine Schritt-für-Schritt Bauanleitung bekommen, an dessen Ende ein flugfähiges Modell steht...

Dieses Buch soll als Ergänzung zur Bedienungsanleitung des Herstellers verstanden werden. Es erhebt nicht den Anspruch, die Bedienungs- und Montageanleitung zu ersetzen, sondern soll als zusätzliche Information verstanden werden. Ich hoffe, es ist mir gelungen, ein leicht verständliches Buch zu schreiben, welches mehr Fragen klärt als aufwirft.

Bedanken möchte ich mich bei Volker Gegenfurtner, der mein Manuskript vor der Veröffentlichung gründlich Korrektur gelesen hat. Vielen Dank auch an Jennifer Kurre, die mit ihrer guten Laune schon bei den Fotoaufnahmen für Urlaubsstimmung sorgte.

Ich wünsche allen Lesern viel Spaß mit dem T-Rex 600!

Stefan Pichel
Hamburg, im Januar 2008

Inhalt

Kapitel 1

Einführung

1.1   Für wen ist dieses Buch geschrieben?

Wer sich den Align T-Rex 600 zulegt, wird sicherlich bereits vorher Erfahrungen mit anderen kleineren Modellen gesammelt haben. Der übliche Einstieg in das Hobby Modellhubschrauber geschieht durch preiswerte (Almost-)Ready-To-Fly-Modelle („ARF"/„RTF"). Diese Modelle haben den Vorteil, dass Sie ohne großen Fertigungs- und Einstellungs-Aufwand flugfähig sind. Als angehender Pilot kann man sich schon von Beginn an mit dem Erlernen der bei Hubschraubern anspruchsvollen Steuerung beschäftigen. Nicht selten kommt es beim Einstieg zu gekonnten Breakdance-Vorführungen, so dass man sich meist sehr früh auch mit der Reparatur dieser Modelle befassen muss. RTF-Modelle sind aber meist nicht sehr komplex aufgebaut.

Wer also während der schwierigen Einstiegsphase durchgehalten hat, wird früher oder später den Wunsch haben, auch einen größeren Modellhubschrauber zu steuern. Größere Modelle wie den T-Rex 600 gibt es nur als Bausatz zu kaufen, so dass man jetzt vor dem Problem steht, einen Modellhubschrauber nicht nur reparieren zu müssen, sondern ihn von Grund auf zusammenbauen zu müssen. Dies kann eine neue Erfahrung sein. Wenn man im Supermarkt ein kompliziertes technisches Gerät kauft, ist man daran gewöhnt, das man nur ein paar farblich markierte Kabel zusammenstecken muss und nach dem Einschalten ein Konfigurationswizard die richtigen Fragen zur Einstellung stellt. Wer dies bei einem Modellhubschrauber erwartet, der wird bitter enttäuscht.

Während früher das Hobby Modellhubschrauber von Bastlern beherrscht wurde, steht heute der Flugspaß im Vordergrund. Die Bedienungsanleitungen richten sich jedoch oft noch an die reinen Bastler und erfordern einen hohen Einarbeitungsaufwand, wenn man sich zuvor nie mit diesem Thema beschäftigt hat. Außerdem sind Modellhubschrauber sehr komplexe Geräte, die eine Vielzahl an unterschiedlichen Arbeitsschritten zum Aufbau benötigen und eine Reihe sehr unterschiedlicher Komponenten besitzen. Aber welcher Bastler kann schon behaupten, dass er Mechaniker, Elektriker und Pilot in einer Person sei?

An dieser Stelle soll dieses Buch ansetzen. Es richtet sich an die Leser, die zusätzlich zur Bedienungsanleitung des Herstellers eine Schritt-für-Schritt-Anleitung wünschen, die über den reinen Aufbau hinausgeht und den Bastler bis zum flugfähigen Modell begleitet. Es wird vom Leser erwartet, dass er ein grundsätzliches Verständnis von Modellhubschraubern hat. Da der Heli für einige Einstellungen auch mal abheben muss, sollte der Leser zumindest das Schweben beherrschen.

1.2 Der Hersteller des T-Rex 600

Die 1984 gegründete Firma Align hat ihren Sitz in Taiwan und beschäftigt 200 Mitarbeiter. Anfangs produzierte Align vor allem Staubsauger und andere Haushaltsgeräte. Erst seit 2002 bietet die Firma auch RC-Produkte an. Seit dieser Zeit organisiert Align auch regelmäßige Modellflug-Wettbewerbe.

2004 machte die Firma mit dem T-Rex 450X HDE und dem T-Rex 450XL CCPM große Gewinne, so dass noch im gleichen Jahr die Versionen T-Rex 450 SE und 450 SE V2 vorgestellt wurden.

Im Mai 2006 wurde der T-Rex 600 in den Markt eingeführt, etwas später war er auch in Europa verfügbar. Mit diesem Produkt mit einem Antrieb für 6-zellige Lipos konnte sich Align im Segment der mittelgroßen Modellhubschrauber behaupten, denn bis 2006 wurden die meisten Modellhelis dieser Größenordnung mit den teuren 10-zelligen Lipos betrieben.

Erst seit April 2007 bietet Align auch die Verbrenner-Version T-Rex 600 Nitro an.

1.3 Modellversionen

Der T-Rex 600 wird in verschiedenen Versionen angeboten. Wenn man mal von der hier nicht behandelten Nitro-Version absieht, so gleichen sich die Versionen ziemlich. Hauptsächlich liegen die Unterschiede im verwendeten Material und unwesentlichen Änderungen beim Chassis und dem Rotorkopf (Stand Januar 2008). Alle Abbildungen und Beschreibungen beziehen sich auf die Version T-Rex 600 CF, die Arbeitsschritte sollten aber ohne große Abweichungen auf alle anderen Versionen übertragbar sein. Trotzdem kann man nicht ausschließen, dass der Hersteller in Zukunft einzelne Bauteile oder ganze Baugruppen modifiziert. Ebenso können zukünftig neue Versionen auf dem Markt erscheinen, die bei Drucklegung dieses Buches noch nicht bekannt waren. Deswegen gilt immer: Widersprechen sich Angaben in der Anleitung des Herstellers mit denen in diesem Buch, so gilt immer die Anleitung des Herstellers!

Wer sich den T-Rex 600 Nitro zugelegt hat, outet sich als Bastler mit großer Vorerfahrung und wird wahrscheinlich keine Probleme haben, den Inhalt dieses Buches auf sein Modell zu übertragen.

Die elektronischen Bauteile kann jeder Käufer selbst zusammenstellen, wenngleich viele Händler schon fertige Zusammenstellungen anbieten. In diesem Fall kann man als Käufer davon ausgehen, dass diese Zusammenstellung auch zusam-

menpasst. Anhand einer üblichen Kombination aus elektronischen Bauteilen wird
im Elektronik-Kapitel der Einbau und die Konfiguration beschrieben.

1.4 Doping

In vielen Foren finden sich Hinweise, dass man das eine oder andere Bauteil noch
vor dem Erstflug durch ein anderes und besseres ersetzen müsse, damit der Heli
vernünftig fliege. Natürlich gibt es Möglichkeiten, sein Modell so zu tunen, dass
dessen Flugeigenschaften oder das Aussehen verbessert werden oder die Stabilität
durch Einsatz flexibler Kunststoffbauteile erhöht wird. Der T-Rex 600 benötigt
aber grundsätzlich kein Tuning, um gut beherrschbar zu sein. Erst wenn nach
interessanten Landemanöver der Austausch von Komponenten ansteht, kann man
sich überlegen, auch alternative Bauteile in Betracht zu ziehen.

1.5 Ziel

Das Ziel dieses Buches ist es, den Leser dabei zu unterstützen, den T-Rex 600
möglichst schnell und unkompliziert zusammenzubauen und einzustellen. Gerade
bei der Einstellung und der Konfiguration der Elektronik gibt es aber häufig
unzählige Möglichkeiten. Die Erläuterung aller Möglichkeiten würde aber den
Rahmen dieses Buches sprengen, so dass bis auf die Einstellung der wichtigen
Gaskurven stets nur *ein* Weg aufgezeigt wird, der zu einem flugfähigen Modell
führt. Mit zunehmender Erfahrung wird man als Pilot aus eigenem Antrieb den
Gyro anders konfigurieren, andere Sicherheits-Schaltkreise einbauen oder den Heli
beispielsweise mit Kamera oder Greifarm tunen.

1.6 Wie lange dauert der Zusammenbau?

Geübte Bastler werden den T-Rex 600 bequem an einem Tag fertigstellen können.
Jedes Unterkapitel in diesem Buch beschreibt einen 5 bis 15 minütigen Arbeitsschritt. Obwohl es auf den ersten Blick nicht so scheint, so sind die Inhalte der
Tütchen sehr gut sortiert. In der Regel befinden sich sogar die Schrauben zur
Befestgung eines Bauteils im gleichen Tütchen. Wer also zügig und entsprechend
der Vorgaben von Align zur Tat schreitet, sollte den mechanischen Aufbau in
wenigen Stunden abschließen können.

Mit Glück wurden Ihnen schon vollgeladene Akkus mit den geeigneten Steckern
verkauft. In diesem Fall können Sie bereits nach dem Aufbau der Mechanik ohne
Zwangspause mit der Konfiguration der Elektronik beginnen. Der Einbau und
die Konfiguration der elektronischen Teile ist ebenso in wenigen Stunden vorge-

nommen.

Gehen Sie dennoch nicht zu hastig vor! Falsch befestigte Teile stellen eine erhebliche Gefahr dar!

1.7 Wichtiger Hinweis

Der Autor kann nicht ausschließen, dass ihm der eine oder andere Fehler unterlaufen ist. Alle Modellhelikopter können gefährliche Verletzungen verursachen, insbesondere wenn sie falsch eingestellt oder geflogen werden. Der Autor kann daher keine Haftung für Schäden übernehmen! Im Zweifelsfall gilt immer die Anleitung des Herstellers!!

Kapitel 2

Mechanik

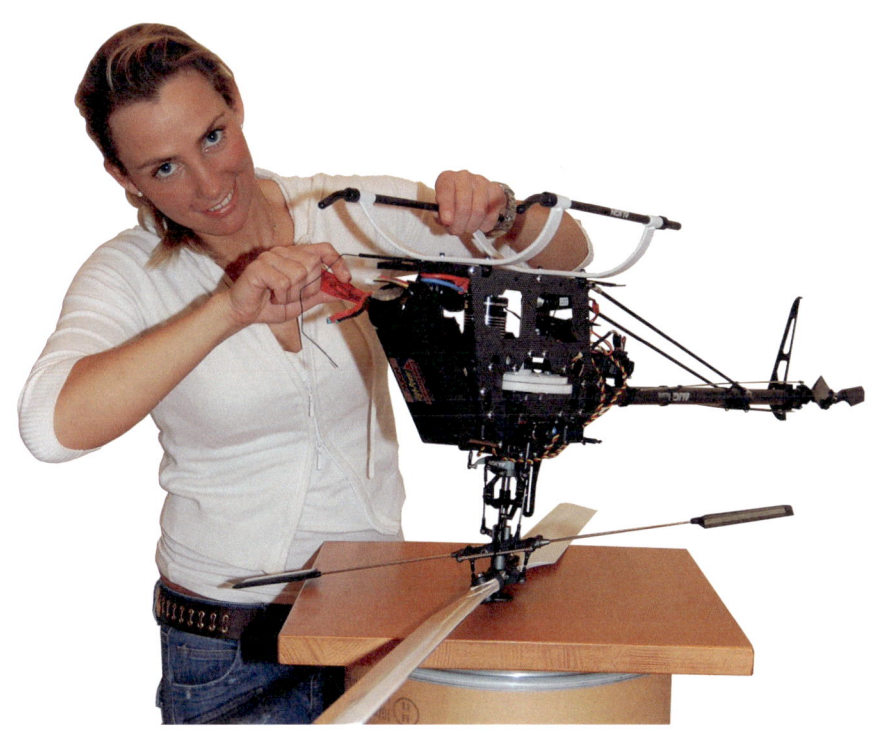

2.1 Vorbemerkung zum Zusammenbau der mechanischen Komponenten

Nach langen Diskussionen mit der Finanzbehörde (Ehepartner) haben Sie es geschafft! Die nicht gerade vermögensbildende Maßnahme wurde genehmigt und das Wunderwerk der Technik steht noch in kleine Tütchen verpackt auf dem Basteltisch. Noch wirkt der Inhalt des Zauberkastens wie ein wirr zusammengestopfter Haufen an Plastikteilen und Schräubchen. Die Bastelarbeit bis zum vorzeigbaren Modell scheint auf den ersten Blick riesig. Vielleicht hilft dieses Buch bei der Interpretation der dem Bausatz beiliegenden englischen Anleitung des Herstellers.

Im Internet findet man aber auch eine deutsche Anleitung! Beachten Sie, dass offensichtlich nicht für alle Modellversionen eine deutsche Anleitung existiert.

Beim Zusammenbau von Modellhubschraubern ist besondere Vorsicht geboten, damit Schrauben sich aufgrund von Vibrationen nicht im Betrieb lösen! Dazu verwendet man Schraubensicherungslack. In der Anleitung von Align ist immer vermerkt, welche Schrauben mit Schraubensicherungslack versehen werden müssen, bevor sie eingedreht werden. Da der Einsatz von Schraubensicherungslack eine Selbstverständlichkeit darstellt, wird dies nicht jedesmal explizit im folgenden Text erwähnt.

An vielen Stellen wird angemerkt, aus welchen Tütchen des großen Bausatzes die im jeweiligen Arbeitsschritt zu verwendenden Bauteile zu entnehmen sind. Auch wenn diese Angaben für Ihren Bausatz nicht mehr aktuell sein sollten, empfiehlt es sich, die Tütchen erst bei Bedarf zu entleeren, um den Überblick zu behalten, denn jeder Tütcheninhalt gehört in der Regel zu einer eigenen Baugruppe.

Achten Sie beim Einbau aller Bauteile, die sich später bewegen sollen, besonders auf eine leichtgängige Ansteuerung (Einfetten!).

2.2 Werkzeug

Bevor Sie mit dem Basteln beginnen, sollten Sie das nötige Werkzeug zusammensuchen. Dazu zählt:

- Schere zum Öffnen der diversen Tütchen

- Inbusschraubendreher in den Größen: 1,3mm, 1,5mm, 2mm, 2,5mm, 3mm

- Schraubensicherungslack, Fett, Sekundenkleber (dem Bausatz beiliegend)

- Kreuzschlitzschraubendreher in verschiedenen Größen

- Zangen, Pinzetten

- Kugelkopfzange

- Lötkolben, Schrumpfschlauch

- Bohrmaschine, wenn Sie passende Löcher in die Flügelarme der Servos bohren müssen

2.3   Inhalt des Bausatzes

Der Bausatz besteht aus wenigen großen Baugruppen, die soweit möglich jeweils in größere Beutel zusammengefasst wurden (Abb. 2.1). Bei einigen Bauteilen war dies nicht möglich, so dass sich die Teile einer Baugruppe auch auf mehrere Beutel verteilen können.

Abb. 2.1: Inhalt des Bausatzes

- *50HH*

  - *50HH001*: Blatthalter
  - *50HH002*: Rotorkopf (Jesus Bolt, Dämpfungsringe, Blattlagerwelle)
  - *50HH003*: Steuerbrücken, Mischhebel, Paddel
  - *50HH004*: Pitchkompensator, Hauptrotorwelle
  - *50HH005*: Taumelscheibe

- *50HZ*

  - *50HZ001*: Kugelköpfe und Gestänge
  - *50HZ002*: Motorritzel, Schrauben für Motorbefestigung
  - *50HZ003*: Kabelbinder, Kugelbolzen, Unterlegscheiben, Kugelgelenke, Schrauben
  - *50HZ004*: Transportsicherung
  - *50HZ006*: Schraubensicherungslack, Kleber
  - *50HZ007*: Servoadapter

- *50HB*

  - *50HB001*: Hauptzahnräder mit Freilauf
  - *50HB002*: Chassis
  - *50HB003*: Zahnriemen, Heckantriebswelle, Heckrohrgehäuse
  - *50HB004*: Akkurutsche, Kreiselplatte, Motorplatte
  - *50HB005*: Landegestell

- *50HT*

  - *50HT001*: Antennenröhrchen, Heckrohr, Heckabstrebung, Heckanlenkgestänge
  - *50HT002*: Heckservohalter, Führung für Heckanlenkgestänge
  - *50HT003*: Heckrotorgehäuse, Heckwelle
  - *50HT004*: Heckrotor
  - *50HT005*: Heckrotoranlenkhebel
  - *50HT006*: Heckrotorschiebehülse
  - *50HT007*: Höhen- und Seitenleitwerk
  - *50HT008*: Schrauben für die Heckabstrebung, 2 Kugelgelenke für das Heckgestänge

2.4   Zusammenbau des Rotorkopfes

2.4.1   Blatthalter

Zunächst sollen die beiden Blatthalter präpariert werden. Dazu sind die Bauteile in Tütchen 50HH001 gedacht. Zusätzlich brauchen Sie dazu noch Fett und Sekundenkleber. In Abb. 2.2 sehen Sie, wie diese kleinen Teile zusammengehören.

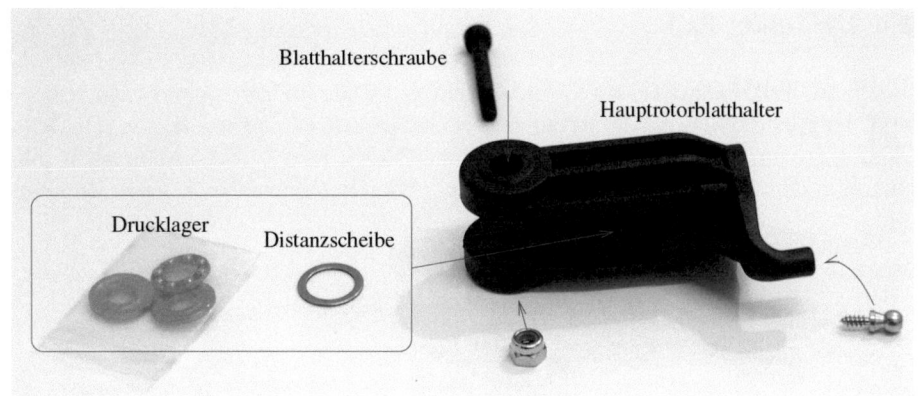

Abb. 2.2: Dämpfungsringe auf der Blattlagerwelle

Dass jetzt sehr staubfrei gearbeitet werden muss, erkennt man schon daran, dass die beiden Drucklager in separaten Tütchen verpackt wurden!

In der Anleitung des Herstellers sind die beiden großen 8x14x4mm-Lager zwar noch außerhalb des Blatthalters gezeichnet, sie sollten aber schon werksseitig eingesetzt worden sein. Deswegen besteht der erste Schritt im Einsetzen der Distanzscheibe in den Blatthalter. Nutzen Sie dazu eine Pinzette mit etwas längerem Greifarm und drücken Sie die Scheibe auf das innen bereits werksseitig eingesetzte Lager.

Nun drücken Sie die mit *IN* bezeichnete Drucklagerscheibe in den Blatthalter. Passen Sie auf, dass die Führungsschiene für die Kugeln nach außen zeigt! Die Scheibe sollte leicht einrasten, möglicherweise müssen Sie etwas Druck ausüben, z.B. mit dem stumpfen Ende eines großen Bohrers, damit Sie die Scheibe nicht ungleichmäßig belasten und sie dadurch Schaden nimmt. Anschließend geben Sie genügend Fett auf die eingedrückte Scheibe und pressen die Kugelscheibe auf. Auch diese sollten Sie nun mit genügend Fett an der Oberseite versehen, denn nun drücken Sie die mit *OUT* bezeichnete Drucklagerscheibe auf.

Versehen Sie nun die Kugelschrauben mit etwas Sekundenkleber und drehen Sie diese mit einem 1,5mm-Inbusschraubendreher in den Blatthalter ein. Drehen Sie nur bis zum Anschlag, aber nicht weiter!

Wenn Sie schon jetzt die Blatthalterschrauben eindrehen, können sie nicht verloren gehen.

2.4.2 Jesus Bolt

Im Beutel 50HH002 befinden sich die wichtigen Teile für den eigentlichen Rotorkopf. Es gibt darin unter anderem zwei Tütchen mit Dämpfungsringen. Die eine
Version ist nur für 3D-Flug geeignet (siehe Beschriftung). Zwei Schrauben mit
Distanzringen sind schon in die Blattlagerwelle eingeschraubt, für die Montage
müssen Sie diese wieder entfernen.

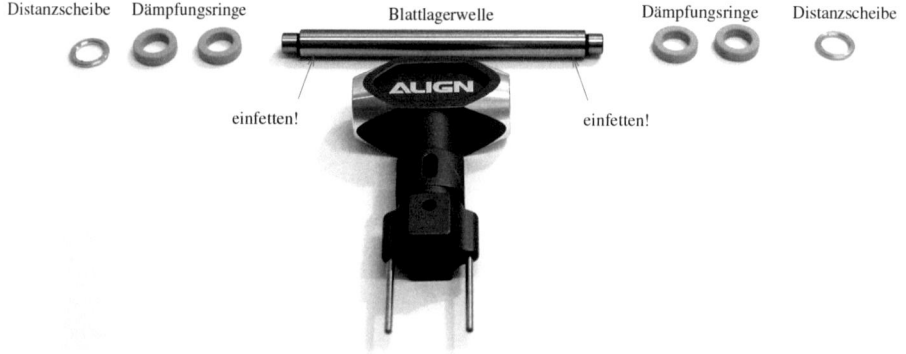

Abb. 2.3: Blatthalter des Hauptrotors

In Abb. 2.3 sehen Sie, wie die Einzelteile montiert werden sollen. Nehmen Sie
also die Blattlagerwelle und schieben Sie diese durch den Jesus Bolt, so dass
die Welle an beiden Seiten etwa gleich weit hinausragt. Schieben Sie nun an jeder Seite die Dämpfungsringe auf; sie lassen sich in die Öffnung im Jesus Bolt
eindrücken. Diese Dämpfungsringe sind wichtig, damit der Rotorkopf aufgrund
der auftretenden Corioliskräfte bei der Rotation nicht beschädigt wird! Anschließend schieben Sie an beiden Seiten den Distanzring hinterher. Damit sich die
Blatthalter leichtgängig auf der Welle drehen lassen, müssen Sie die Welle gut
einfetten.

Schieben Sie nun die Blatthalter auf die Wellen auf (Abb. 2.4). Schieben Sie
die Unterlegscheiben auf die Inbusschrauben, versehen diese mit Schraubensicherungslack und befestigen damit anschließend die Blatthalter auf der Welle. Es
ist sehr wichtig, dass Sie hier den richtigen Schraubensicherungslack verwenden,
damit Ihnen später kein Rotorblatt abspringen kann!!! Außerdem sollten Sie an
beiden Seiten mit einem Inbusschraubendreher gleichzeitig ansetzen, damit Sie
die Blatthalter auch tatsächlich fest genug befestigen können.

Prüfen Sie, ob sich die Blatthalter leichtgängig auf der Welle drehen lassen. Wenn
Sie einen kleinen Widerstand spüren, haben Sie etwas falsch gemacht! In diesem

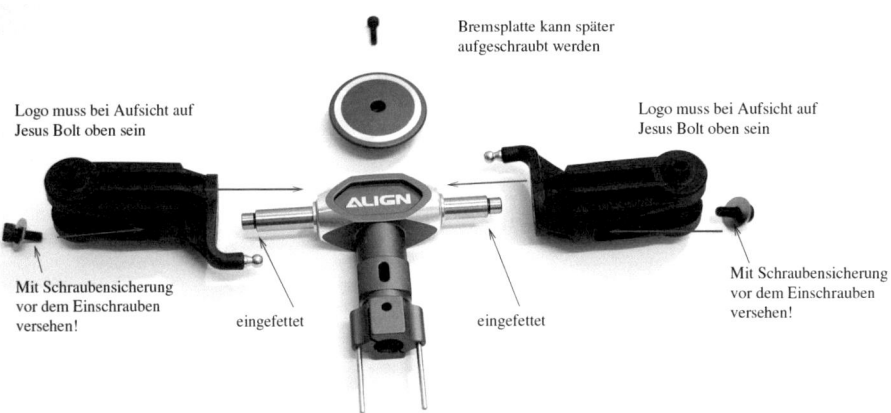

Abb. 2.4: Blatthalter des Hauptrotors

Fall prüfen Sie, ob Sie genügend Fett benutzt oder die Lager falsch eingesetzt haben!

2.4.3   Flybar

In diesem Abschnitt benötigen Sie den Inhalt von Beutel 50HH003.

In Abb. 2.5 erkennen Sie, wie Sie die ersten Schritte zum Fertigstellen der Rotorkopfanlenkung durchführen müssen. Befestigen Sie die Flybar mit der Schaftschraube. Alle benötigten Lager sind schon werksseitig in den Anlenkhebeln eingesetzt. Befestigen Sie diese mit den Blechschrauben und setzen Sie die Unterlegscheiben ein. Je nach beabsichtigtem Flugstil können Sie die Befestigung an der inneren oder äußeren Bohrung durchführen. Für ein stabiles Flugverhalten wird zur Befestigung in der äußeren Bohrung geraten. Im letzten Schritt dieses Teilabschnitts drehen Sie die mit Sekundenklebern versehenen Kugelbolzen in die Anlenkhebel. Passen Sie auf, dass Sie nicht die A1- und B1-Bolzen verwechseln!

2.4.4   Anlenkung und Paddel

Drehen Sie als ersten Schritt die Kugelköpfe auf die Gestänge derart auf, dass zwischen den beiden Kugelkopföffnungen jeweils ein Abstand von 39,5mm ist. Erst dann schieben Sie diese auf (Abb. 2.6). Die Steuerbrücke enthält bereits die Schrauben zur Befestigung an den Anlenkhebeln.

Für die nächsten Schritte benötigen Sie die Paddelstange aus Beutel 50HT001. In

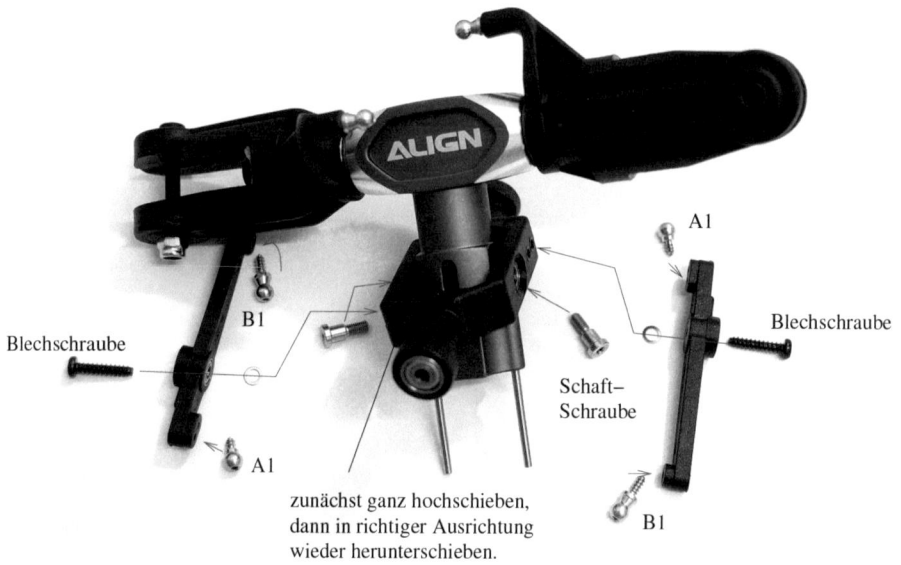

Abb. 2.5: Anlenkung

Abb. 2.6: Steuerbrücke   Abb. 2.7: Paddelstange durchziehen

der Abb. 2.7 ist zur besseren Übersicht der Rotorkopf nur angedeutet, durch den die Paddelstange geführt werden muss. Achten Sie beim Zusammenschrauben darauf, dass die Inbusschrauben in der Mitte der Anlenkhebel, die zum Fixieren der Paddelstange dienen, oben liegen! Das vereinfacht später die Montage, wenn Sie die Paddelstange auswechseln wollen. Die Paddelstange besitzt übrigens zwei kleine Einkerbungen, wo die Inbusschrauben zur Fixierung ansetzen können.

Drehen Sie nun die Paddel auf. Mit den beiden Stiftschrauben können Sie die Paddel sicher auf der Paddelstange fixieren. Noch können Sie durch die Paddel

Abb. 2.8: Paddel

hindurchsehen, aber das würde keinen Auftrieb schaffen. Kleben Sie also die Aufkleber auf die Paddel (Abb. 2.8).

2.4.5   Pitchkompensator

Alles, was Sie für den Pitchkompensator benötigen, finden Sie in Beutel 50HH004. Im Grunde ist der Pitchkompensator bereits fertig, sie müssen lediglich die beiden Kugelkopfbolzen einschrauben.

2.4.6   Taumelscheibe

Die Taumelscheibe befindet sich in 50HH005. Auch sie ist glücklicherweise schon werksseitig zusammengesetzt worden. Auch hier müssen Sie nur noch die Kugelbolzen einschrauben. Bis auf den verlängerten Bolzen (Taumelscheibenführungsstift) für die Taumelscheibenführung sind alle Kugelbolzen identisch. Da es sich bei der Anlenkung um eine 120^0-Anlenkung handelt, ist es egal, an welchem der drei möglichen Bohrungen Sie den Führungsstift einschrauben.

Abb. 2.9: Pitchkompensator

2.4.7 Rotorwelle

Schieben Sie die Hauptrotorwelle wie in Abb. 2.11 gezeigt in den Rotorkopf und befestigen Sie sie. Anschließend schieben Sie den Pitchkompensator, die Taumelscheibe und den Ring auf die Welle.

Es ist in Ordnung, dass die Taumelscheibe und der Pitchkompensator noch frei auf der Rotorwelle hin- und herrutschen können. Erst durch die im nächsten Bauabschnitt beschriebenen Schritte (Einbau der Anlenkgestänge) wird dieses „Problem" behoben.

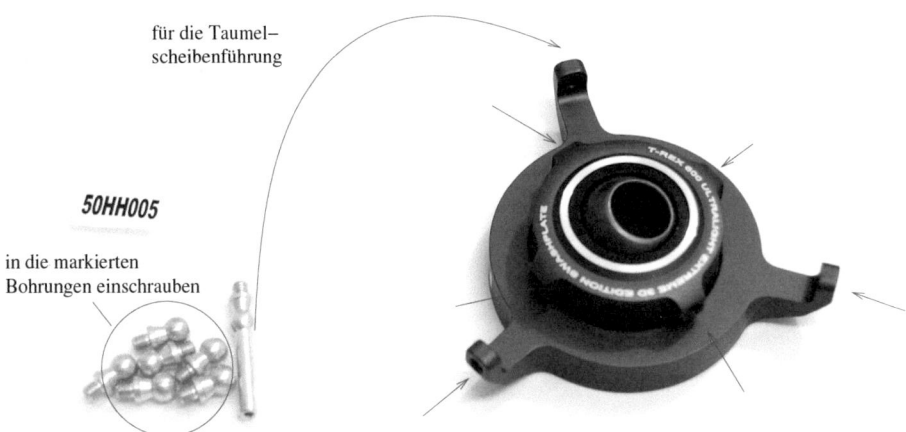

für die Taumel–
scheibenführung

50HH005

in die markierten
Bohrungen einschrauben

Abb. 2.10: Taumelscheibe

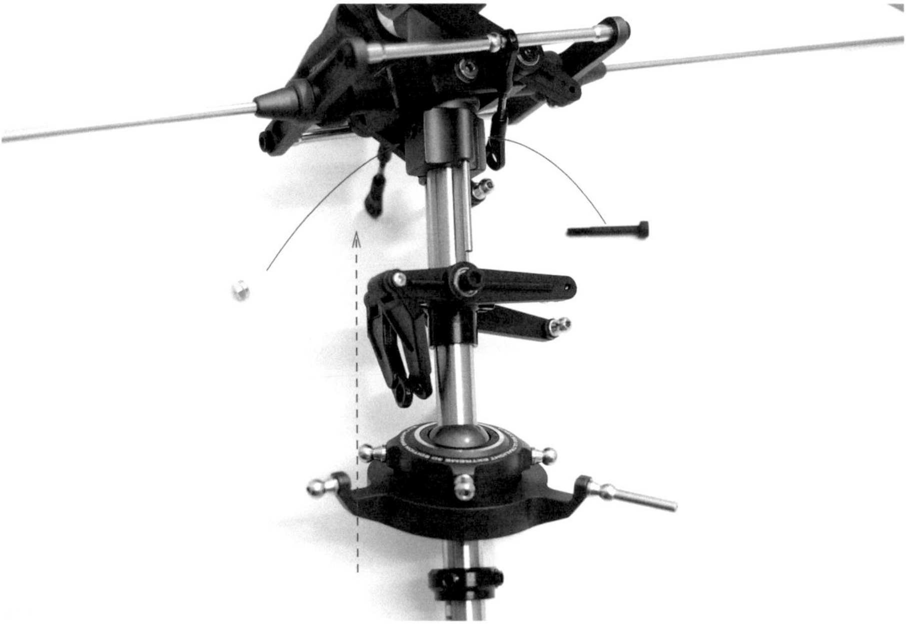

Abb. 2.11: Montage auf der Rotorwelle

2.4.8 Rotorgestänge

Der Hauptrotor ist nun beinahe fertiggestellt. Die 39,5mm-Gestänge der Flybar
wurden schon in Abschnitt 2.4.4 beschrieben. Basteln Sie wie in Abb. 2.12 illus-

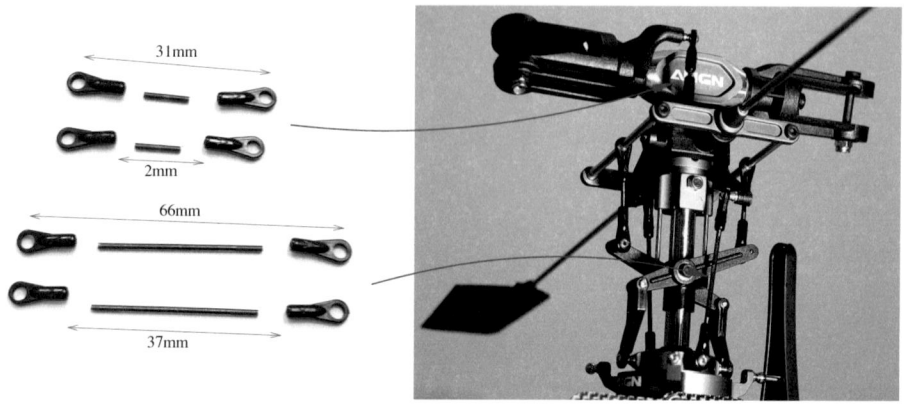

Abb. 2.12: Rotorgestänge

triert vier weitere Gestänge zusammen. Diese setzen Sie nun in den Rotorkopf
ein. Setzen Sie nun die Kugelköpfe aller Gestänge auf die zugehörigen Kugelbolzen. Wenn Sie alles korrekt verbunden haben, sollte der Rotorkopf wie auf der
rechten Seite von Abb. 2.12 aussehen. Drehen Sie zum Abschluss die Bremsplatte
auf den Rotor.

2.5   Chassis

2.5.1   Grundaufbau des Chassis

Die Bauteile für das Chassis (auch *Rahmen* genannt) befinden sich in Beutel
50HB002. Lassen Sie sich von der sehr komplex anmutenden Explosionszeichnung
in der Herstelleranleitung nicht irritieren, denn so kompliziert ist der Zusammenbau gar nicht!

*Ein wichtiger Hinweis soll schon vor dem ersten Schritt gegeben werden: Drehen
Sie alle Schrauben nur locker ein, damit Sie später testen können, ob die Kugellager beim Einstecken der Hauptrotorwelle verkanten. Gegebenfalls müssen Sie
dies nämlich durch eine Justage korrigieren.*

In Abbildung 2.13 ist dargestellt, wie das Chassis zusammengesetzt werden soll.
Achten Sie darauf, dass die drei Kugellager mit A und B beschriftet sind. Die
beiden A-Lager werden oben, das B-Lager unten eingesetzt. Die beiden 8mm-
Inbusschrauben sind bereits werksseitig im Verbindungsbolzen eingedreht, damit man sie nicht mit den anderen 10mm-Inbusschrauben verwechselt. Mit den

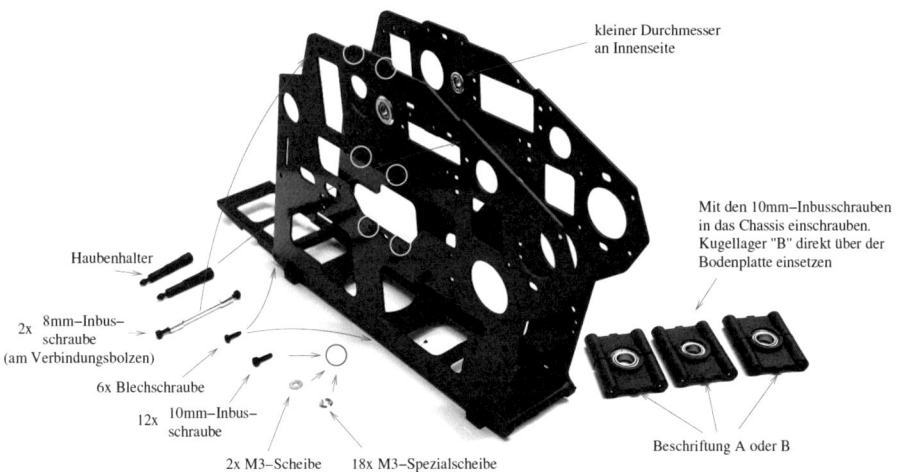

kleiner Durchmesser
an Innenseite

Mit den 10mm–Inbusschrauben
in das Chassis einschrauben.
Kugellager "B" direkt über der
Bodenplatte einsetzen

Haubenhalter

2x 8mm–Inbus–
schraube
(am Verbindungsbolzen)

6x Blechschraube

12x 10mm–Inbus–
schraube

2x M3–Scheibe   18x M3–Spezialscheibe

Beschriftung A oder B

Abb. 2.13: Chassis

10mm-Inbusschrauben werden die Kugellager befestigt. Die entsprechenden Stellen sind in der Abbildung mit einem Kreis markiert.

Die Kleinteile im Beutel 50HB002 sind genau abgezählt, passen Sie also auf, keines dieser kleinen Teile zu verlieren!

Am besten gehen Sie so vor, dass Sie zunächst den Rahmen zusammenstecken und den Verbindungsbolzen locker einsetzen. Testen Sie nun, ob sich die Kugellager in den Rahmen stecken lassen. Es kann sein, dass die Bohrungen für die Stifte zu klein geraten sind, dann müssen Sie die zu klein geratenen Bohrlöcher vorsichtig etwas ausfeilen. Beachten Sie auch den Hinweis in der Anleitung des Herstellers, dass Sie das Chassis auf eine Glasplatte stellen sollen und beide Rahmenhälften orthogonal zu dieser Platte stehen sollen. Wenn Sie die Kugellager eingeschraubt haben, setzen Sie die Blechschrauben ein. Als letzten Schritt werden die Haubenhalter befestigt. Prüfen Sie alle Schrauben auf festen Sitz.

2.5.2   Heckrohrgehäuse und Zahnriemen

Damit der T-Rex nicht nur Pirouetten drehen kann, braucht er ein stabiles und gut funktionierendes Heck. Align hat sich beim T-Rex 600 für einen Zahnriemenantrieb des Heckrotors entschieden. Dieser Zahnriemen verläuft durch das Heckrohr.

In Beutel 50HB003 finden Sie das Heckrohrgehäuse, den Zahnriemen und die

Heckantriebswelle.

Stecken Sie zunächst die beiden identischen Kugellager auf die Heckwelle. Legen Sie den Zahnriemen um die Welle und schieben Sie die beiden Teile des Heckrohrgehäuses soweit auseinander, dass Sie die Welle einsetzen können. Die beiden Kugellager passen genau in die Aussparungen im Heckrohrgehäuse (Abb. 2.14).

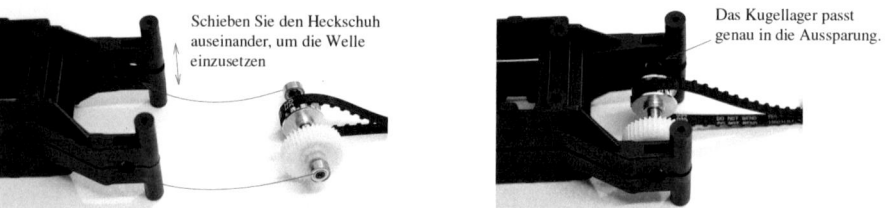

Abb. 2.14: So wird die Heckantriebswelle in das Heckrohrgehäuse eingesetzt

In Abb. 2.15 sehen Sie, wie das Heckrohrgehäuse in das Chassis eingebaut werden soll. Zur besseren Übersicht sind die nötigen Schrauben unten nur abgebildet, aber nicht mehr mit Pfeilen beschriftet. Bevor Sie jedoch das Heckrohrgehäuse einsetzen, sollten Sie den Zahnriemen durch das Gehäuse ziehen.

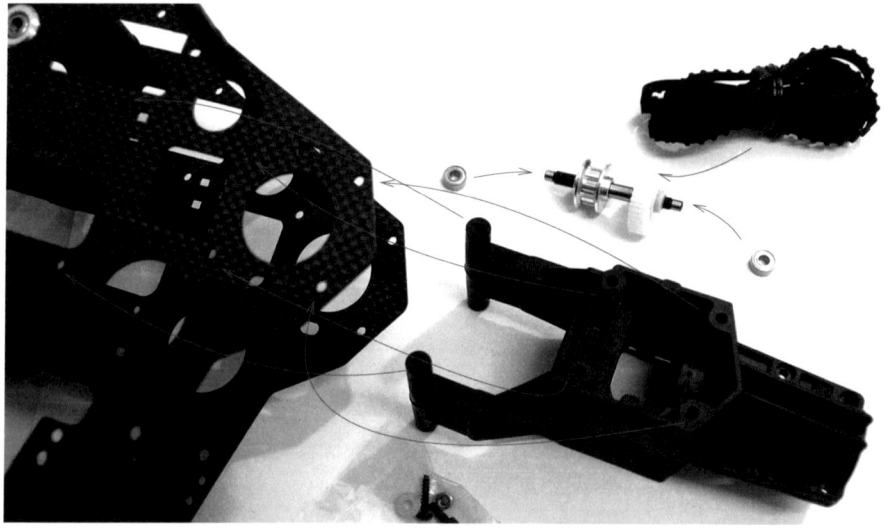

Abb. 2.15: Heckrohrgehäuse mit Zahnriemen

Befestigen Sie das Heckrohrgehäuse mit den Blechschrauben am Chassis. Drehen Sie dann die Inbusschrauben ein, aber ziehen Sie diese noch nicht fest an, denn das sollten Sie erst machen, nachdem Sie in einem späteren Arbeitsschritt das Heckrohr eingesetzt haben.

2.5.3 Akkurutsche, Kreisel- und Motorplatte

Öffnen Sie nun Beutel 50HB004. Sie finden diverse Platten, die zur Befestigung von Motor, Gyro und Akku dienen. Diese müssen Sie nun geeignet in das Chassis einbauen (siehe Abb. 2.16).

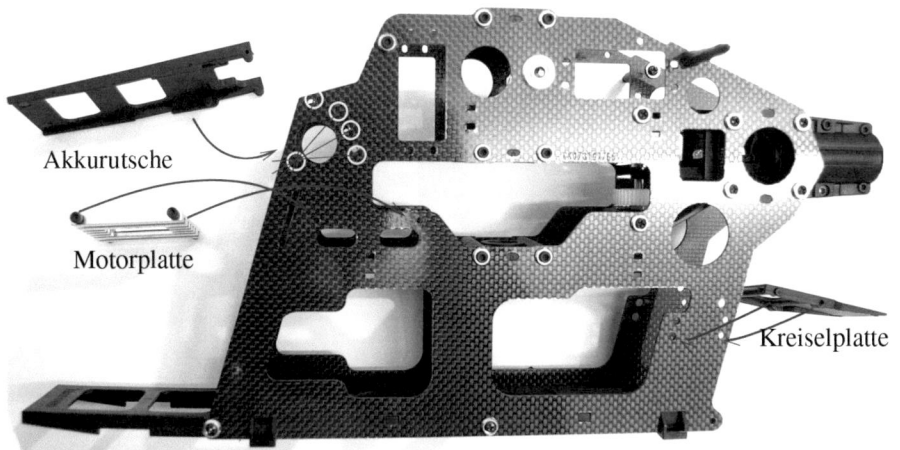

Abb. 2.16: Einsetzen von Akkurutsche, Motorplatte, Kreiselplatte

Akkurutsche und Kreiselplatte befestigen Sie mit den Blechschrauben, für die Motorplatte verwenden Sie die Inbusschrauben. Die Akkurutsche können Sie mit verschiedenen Neigungswinkeln einbauen. Die Bohrungen sind in der Abb. 2.16 mit Kreisen markiert.

2.5.4 Taumelscheibenführung und Anlenkhebel

In Abb. 2.17 sehen Sie, wo die Taumelscheibenführung eingesetzt wird. Aber viel interessanter ist die Befestigung der Anlenkhebel, die alle auf einer Anlenkwelle aufgehängt sind. Wenn Sie sich die Anlenkwelle genauer anschauen, so sehen Sie etwa mittig eine kleine Ausfräsung. Wenn Sie die Stiftschraube des mittleren Anlenkhebels festdrehen, muss sie in diese Ausfräsung eingedreht werden! Die Ausfräsung befindet sich nicht genau in der Mitte; beim Einsetzen der Anlenkwelle muss sie näher an der linken Chassisseite sein!

Bevor Sie die Anlenkhebel einsetzen, drehen Sie die Kugelbolzen ein. Wenn Sie

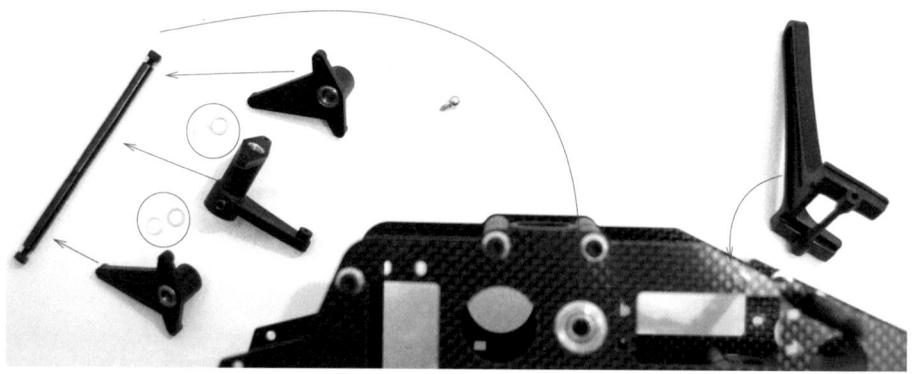

Abb. 2.17: Einsetzen von Anlenkhebeln und Taumelscheibenführung

alles korrekt eingesetzt haben, sollten Sie das Resultat in Abb. 2.18 wiedererkennen.

Abb. 2.18: Taumelscheibenführung und Anlenkhebel eingesetzt

2.5.5 Landegestell

So langsam wird der Hubschrauber erwachsen. Jetzt bringen Sie im das Stehen bei! Die Bauteile des Landegestells sind in Beutel 50HB005 enthalten. In Abb. 2.19 sehen Sie ein schon zum Teil zusammengebautes Landegestell.

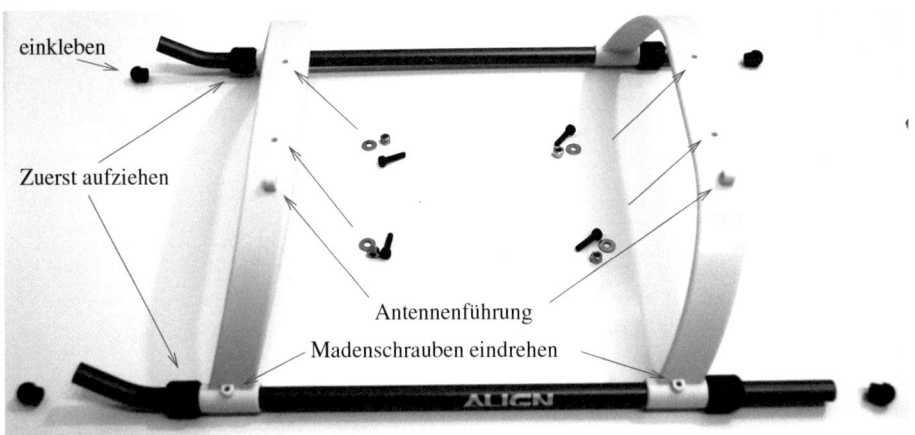

Abb. 2.19: Landegestell

Ziehen Sie zuerst die vorderen Gummiringe auf, erst dann schieben Sie den ersten Bogen hinterher. Benutzen Sie Klebstoff, um die Kufenabschlüsse einzukleben. Befestigen Sie das Landegestell unter das Chassis, bevor Sie die Madenschrauben zur Fixierung der Kufenbügel einschrauben. Führen Sie nun das 50cm lange Antennenröhrchen durch die Laschen der Landekufen.

2.5.6 Heckservohalter

In Abb. 2.20 sehen Sie die Bauteile für den nächsten Arbeitsschritt. Befestigen Sie zuerst den Heckservohalter und stecken Sie die Führungsringe für das Heckanlenkgestänge auf. Erst dann ziehen Sie den Zahnriemen durch das Heckrohr und führen dieses in das Chassis ein.

Wenn es Schwierigkeiten bereitet, den Zahnriemen durch das Heckrohr zu führen, benutzen Sie als Hilfsmittel das noch nicht verbaute Heckanlenkgestänge. Binden Sie den langen Draht an den Zahnriemen und führen es damit durch das Heckrohr.

Im Heckrohrgehäuse gibt es eine Lasche, in welche der Spalt des Heckrohrs beim Einführen greifen muss.

Abb. 2.20: Heckservohalter und Führungsringe

Die Führungsringe für das Heckgestänge können Sie bereits fixieren. Sie können diesen Schritt aber auch später durchführen, wenn Sie das Heckgestänge einbauen.

2.5.7   Heckrotorgehäuse

Damit der Heckrotor später angebracht werden kann, braucht er ein so genanntes Heckrotorgehäuse (oder *Heckschuh* genannt). Dieses befindet sich in Beutel 50HT003. In der Abb. 2.21 sehen Sie zwei Bilder. Auf der linken Seite ist illustriert, in welche Richtung Sie den Zahmriemen um 90^0 drehen müssen. Auf der rechten Seite ist das Zusammensetzen des Heckrotorgehäuses aufgezeigt.

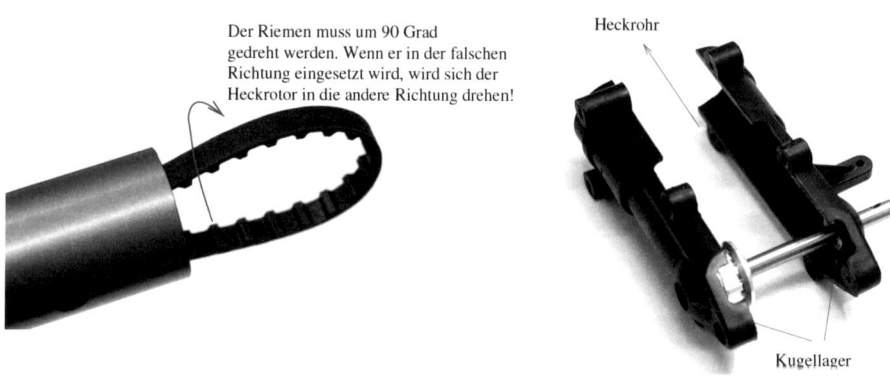

Abb. 2.21: Heckrotorgehäuse

2.5.8   Heckrotor

Der Heckrotor ist von Werk aus schon weitgehend zusammengebaut worden.
Da sich der Heckrotor im Betrieb aber sehr schnell drehen muss und erhebliche
Fliehkräfte auftreten werden, sollten Sie prüfen, ob die Blatthalter sicher befes-
tigt wurden. Sie können ihn selber auseinandernehmen und die entsprechenden
Schrauben unter Einsatz von Schraubensicherungslack erneut eindrehen, wenn
Sie sichergehen wollen.

Abb. 2.22: Heckrotor

In Abbildung 2.22 sind die letzten Schritte zum Fertigstellen des Heckrotors illustriert. Drehen Sie die Schrauben zur Aufhängung der Rotorblätter nicht zu
fest an, damit sich die Rotoren selber ausrichten können.

2.5.9   Heckrotoranlenkung

Der Heckrotor beim T-Rex ist pitchgesteuert, d.h. jetzt müssen die nötigen An-
lenkvorrichtungen angebracht werden. Diese finden Sie in den Beuteln 50HT005
und 50HT006. Auch hier hat Ihnen Align Arbeit abgenommen. Schauen Sie sich
die Abbildungen 2.23 und 2.24 an. Es müssen nur noch wenige Schrauben und
Kugelbolzen eingesetzt werden.

Schrauben Sie zunächst die Kugelbolzen ein. Befestigen Sie anschließend den
Heckrotoranlenkhebel, da dies der einfachere Schritt ist. Schieben Sie dann die
Buchsen in die Steuergelenke, setzen die Schaftschrauben ein und befestigen den
Heckrotor daran. Da die Schrauben sehr winzig sind, kann dies etwas kniffelig
werden. Passen Sie auf, die Schrauben nicht zu verlieren, weil die Menge im
Bausatz genau abgezählt ist!

Wie das Ergebnis aussehen soll, zeigt Abb. 2.25.

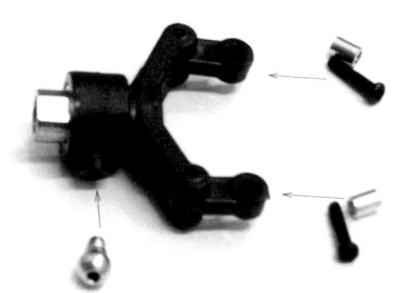

Abb. 2.23: Heckanlenkhebel aus 50HT005

Abb. 2.24: Heckschiebehülse aus 50HT006

2.5.10 Höhen- und Seitenleitwerk

Das Höhen- und Seitenleitwerk befindet sich in 50HT007. Die beiden Heckab-strebungen finden Sie in 50HT001. Die Schrauben für die Verstrebung und das Kugelgelenk für das Heckanlenkgestänge finden Sie in 50HT008. Alle Teile zeigt Abb. 2.26. Das Anlenkgestänge können Sie auch später einsetzen, wenn Sie die Servos befestigen.

Achten Sie auf die Schraubenlängen! Zum Befestigen der Verstrebungen müssen die kurzen 100mm-Schrauben in das Höhenleitwerk eingedreht werden.

2.5.11 Zahnräder und Motor

Wie auch bei den meisten anderen Modellhubschraubern überträgt das Motorrit-zel die Kraft zunächst einmal auf ein großes Hauptzahnrad, um den Hauptrotor anzutreiben. Statt zwei kleineren Zahnrädern für die Übersetzung setzt man nur ein großes Zahnrad ein, um eine optimale Kraftübertragung zu erreichen. In die-sem Zahnrad wird auch der Freilauf eingesetzt, der im Falle eines Motorausfalls dafür sorgt, dass durch die Autorotation noch eine sichere Landung möglich ist. Beim T-Rex 600 werden zwei große Zahnräder unterschiedlicher Größe zusam-mengesteckt, um mit dem kleineren der beiden Zahnräder auch den Heckrotor anzutreiben.

Glücklicherweise ist die beschriebene Konstruktion schon von der Herstellerfirma

Abb. 2.25: Angebrachter Heckrotor mit Steuergelenk und Schiebehülse

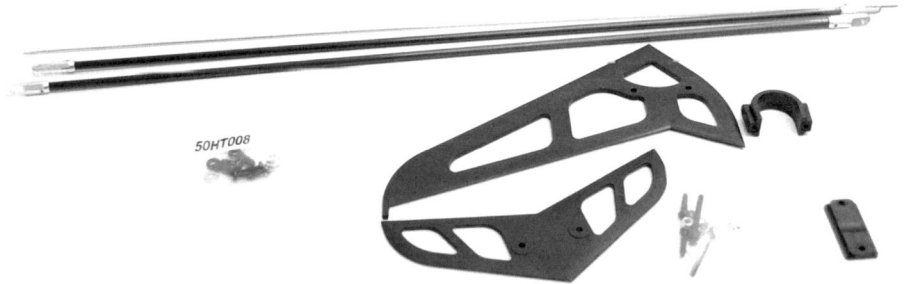

Abb. 2.26: Höhen- und Seitenleitwerk, Anlenkgestänge, Verstrebungen

zusammengesetzt worden. Allerdings sollten Sie testen, ob tatsächlich alle Schrauben festgedreht wurden und eventuell mit Einsatz von Schraubensicherungslack

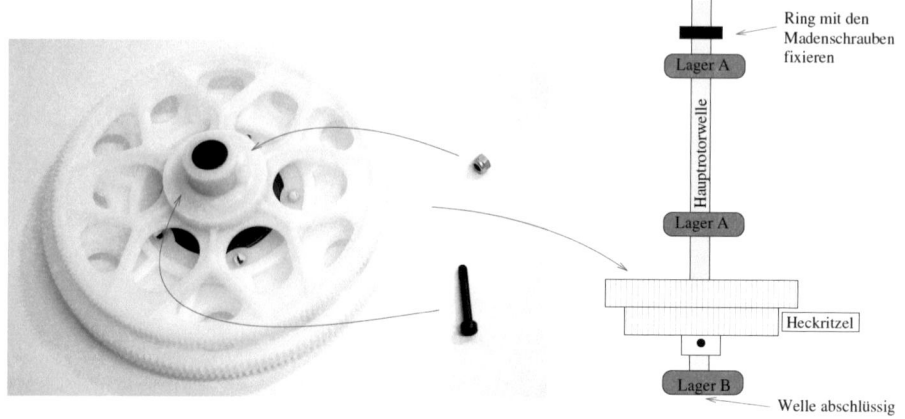

Abb. 2.27: Einsetzen der vormontierten Zahnräder

erneut fixieren.

Damit das Zahnrad von der Welle angetrieben werden kann, wird es mit einer Schraube durchbohrt. Setzen Sie vor dem Einsetzen der Zahnräder erst die Mutter ein, denn das erleichtert später den Einbau. In der Abb. 2.27 sehen Sie, wie die Hauptrotorwelle durch die Lager und das Hauptzahnrad geführt wird.

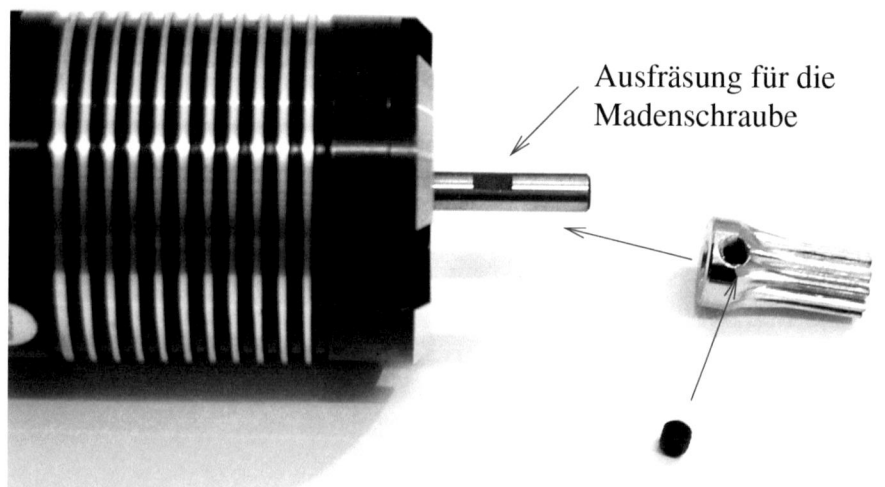

Abb. 2.28: Motorritzel

Nach dem Einsetzen der Hauptrotorwelle und der Hauptzahnräder leeren Sie nun den Beutel 50HZ002 und befestigen das Ritzel auf der Motorwelle (Abb. 2.28). Befestigen Sie den Motor mit den im gleichen Beutel enthaltenen Schrauben. Passen Sie auf, dass ein winziger Abstand zwischen Motorritzel und Hauptzahnrad bleibt. Dieser Abstand sollte gerade so groß sein, dass ein dünnes Papierchen hindurchpasst. Das bewahrt die Ritzel vor übermäßigem Verschleiß, stellt aber eine ausreichende Griffigkeit sicher. Im Moment ist der optimale Abstand aber noch nicht so wichtig, weil Sie den Motor aus Sicherheitsgründen für die Einstellung des Reglers in Kapitel 3.6 wieder vom Zahnrad wegschieben müssen.

2.6 Einbau der Servos und der Elektronik

2.6.1 Einbau der Servos

Der T-Rex 600 besitzt eine 120^0-Taumelscheibenanlenkung, er benötigt zwei Rollservos und einen Nickservo. Die Position der Servos ist durch die Aussparungen im Chassis festgelegt. Nutzen Sie die Servoadapter aus Beutel HZ007.

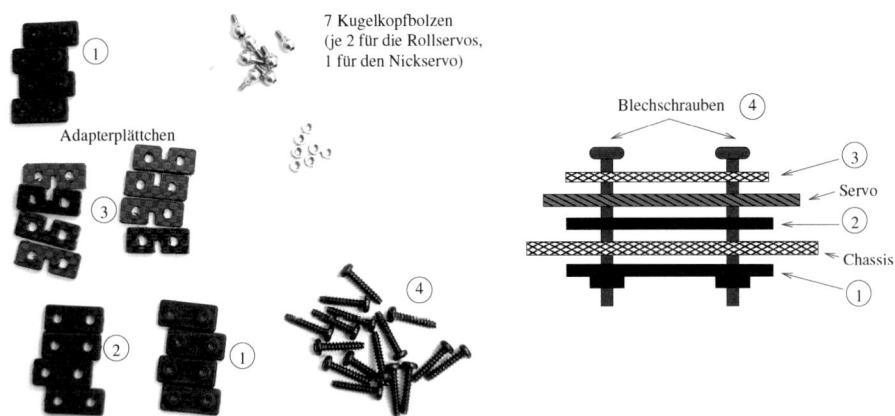

Abb. 2.29: Inhalt von Beutel 50HZ007

In Abb. 2.29 sehen Sie den Inhalt des Beutels 50HZ007 und wie damit die Servos befestigt werden können.

Haben Sie die Nick- und Rollservos eingebaut, so sollte der Aufbau etwa wie in Abb. 2.30 aussehen. Im Anschluss ersetzen Sie die normalerweise einarmigen vormontierten Servoarme durch Flügelarme und setzen die Kugelbolzen so ein, dass zwischen ihnen und den Anlenkhebeln waagerecht verlaufende Gestänge

Nickservo

Rollservo
rechts

Rollservo
links

Abb. 2.30: Nick- und Rollservos eingebaut

eingesetzt werden könnten. Eventuell müssen Sie hier zur Bohrmaschine greifen. Es kann auch sein, dass Sie den Servoarm des Nickservos etwas kürzen müssen, damit er nicht am Heckrohrgehäuse anstößt.

Setzen Sie nun den Heckservo ein. Im Idealfall wird dieser Servo ein digitaler Servo sein, der für eine bessere Heckstabilität sorgt. Setzen Sie den Heckservo so ein, dass die Servoarmaufhängung mehr in Richtung Chassis zeigt, damit Sie später eine größere Freiheit bei der Feinjustage haben.

2.6.2   Servogestänge

Aus Beutel 50HZ001 holen Sie sich nun die restlichen Gestänge und setzen Kugelgelenke mit folgenden Abständen zwischen den Kugelgelenkköpfen auf:

- 4x51mm für die beiden Rollservos

- 3x60,5mm für die Verbindung der Servoarme zur Taumelscheibe

- 2x28mm für den Nickservo (eventuell müssen Sie den Schaft eines Kugelgelenks etwas kürzen)

- 1x56mm für die Heckanlenkung. Achtung: Führen Sie das Gestänge durch die Heckführung, bevor Sie das zweite Kugelgelenk aufdrehen!

Setzen Sie alle Gestänge für die Nick- und Rollservos bzw. deren Ansteuerung der Taumelscheibe ein. Es kann sein, dass Sie die Taumelscheibenführung abnehmen müssen, um an die Kugelköpfe der Servoarme zu gelangen. Wenn Sie allerdings ganz sichergehen wollen, stecken Sie die Gestänge noch nicht auf die Servoarme, denn Sie kennen die Mittelposition der Servos noch nicht. Im Kapitel 3 werden Sie erfahren, wie Sie die Elektronik verkabeln, in Betrieb nehmen und damit die Servos ansteuern.

Experten werden für diesen Arbeitsschritt nur wenige Minuten benötigen. Wer nicht so geübt ist, wird hier eine halbe Stunde einkalkulieren müssen, bis er die Gestänge an den teilweise unzugänglichen Stellen eingehängt hat.

2.6.3 Rotorblätter

Setzen Sie nun die Hauptrotorblätter ein. In 50HZ004 finden Sie eine Transportsicherung für die Rotorblätter. Da Sie erst ab Mitte des großen Kapitels 3 den Rotor drehen lassen wollen, sollten Sie diese Transportsicherung jetzt bereits verwenden.

2.6.4 Verlöten von Bauteilen

Bevor Sie alle elektronischen Komponenten einbauen, sollten Sie die notwendigen Lötarbeiten vornehmen! Wenn Sie den gewöhnlichen Kombi-Bausatz mit Regler, externem BEC und Empfängerakku gekauft haben, müssen Sie wahrscheinlich nur noch die Stecker an Antriebsakku und Regler löten, da alle anderen Kontakte schon mit Steckern versehen sind. Wollen Sie den Heli jedoch mit anderen Komponenten betreiben, so müssen Sie ein wenig mehr löten.

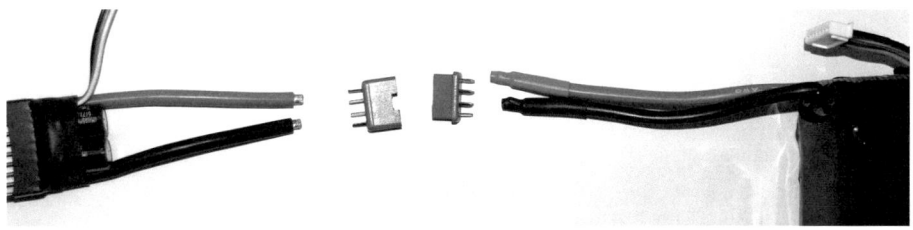

Abb. 2.31: Anlöten von MPX-Hochstromsteckern für die Verbindung von Regler und Akku

Der T-Rex 600 hat ein Fluggewicht von 3kg. Um dieses Gewicht in die Luft zu be-
fördern, wird eine Menge Energie benötigt. Um die großen Ströme zu verkraften,
müssen Hochstromstecker eingesetzt werden (Abb. 2.31), z.B. MPX-Stecker!

2.6.5   Einbauen der elektronischen Bauteile

Eine Möglichkeit, die elektronischen Komponenten im Chassis unterzubringen, ist
in Abb. 2.32 aufgezeigt. Sie haben bei der Platzierung viele Freiheiten. Sie sollten
aber darauf achten, dass der Akku wegen seines Gewichts immer vorne angebracht
werden muss und der Empfänger zur Vermeidung von Störungen möglichst weit
von den Leistungskomponenten entfernt untergebracht werden soll.

Abb. 2.32: Mögliche Position der elektronischen Komponenten

Setzen Sie Klettbänder ein, wenn Sie Komponenten befestigen, die gefedert aufgehängt werden sollen (z.B. Empfänger). Achten Sie auch darauf, dass der Regler
genügend Frischluft zur Kühlung bekommt.

Mit Kabelbinder können Sie die elektronischen Bauteile sicher befestigen, aber
achten Sie darauf, die oft von Schrumpfschlauch umschlossenen empfindlichen
Platinen mit ihren aufgesteckten Komponenten nicht zu beschädigen.

Der Akku ist das schwerste Teil am Heli. Daher muss er besonders sicher befestigt
werden. Planen Sie das Fliegen von Figuren mit Rückenflug, gilt dies in beson-
derem Maße! Mit der Kombination aus Klettband und robusten Gummibändern
sollten Sie den Akku sicher auf der Akkurutsche befestigen und ihn trotzdem bei
Bedarf wieder leicht abnehmen können.

2.6.6   Haube

Dekorieren Sie die Haube mit den mitgelieferten Dekobögen oder lackieren Sie die Haube nach Ihrem Geschmack. Achten Sie darauf, Farben zu verwenden, die das Modell in der Luft auch bei größerer Entfernung noch erkennen lassen.

Einige Piloten fertigen sogar komplette eigene Hauben an, um die Sichtbarkeit zu verbessern oder „unförmige" Akkus mit großen Kapazitäten oder mehr als sechs Zellen unter der Haube zu verstecken.

Align schlägt die in Abbildung 2.33 dargestellte Dekoration vor. Wenn Sie die Haube jetzt aufsetzen, haben Sie damit die Mechanik fertiggestellt. Ihr Modell ist natürlich noch nicht flugfähig, weil Sie die Elektronik noch konfigurieren und damit die Mechanik einstellen müssen.

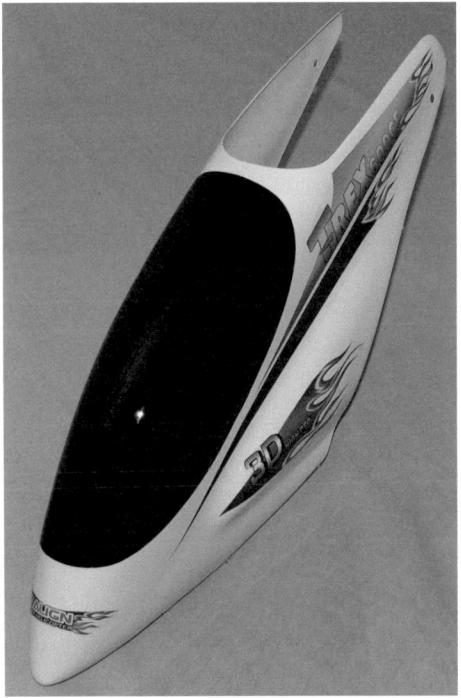

Abb. 2.33: Bauchfrei steht nicht jedem - die dekorierte Haube

Kapitel 3

Elektronik

In diesem großen Kapitel werden Sie dem Hubschrauber Leben einhauchen! Die schiere Menge an unterschiedlichen elektronischen Bauteilen, mit denen Sie einen Modellhubschrauber ausrüsten können, macht es unmöglich, eine allumfassende Anleitung zu verfassen. Daher wird in diesem Kapitel eine aus gängigen Komponenten bestehende Beispielkonfiguration vorgestellt (siehe Abb. 3.1).

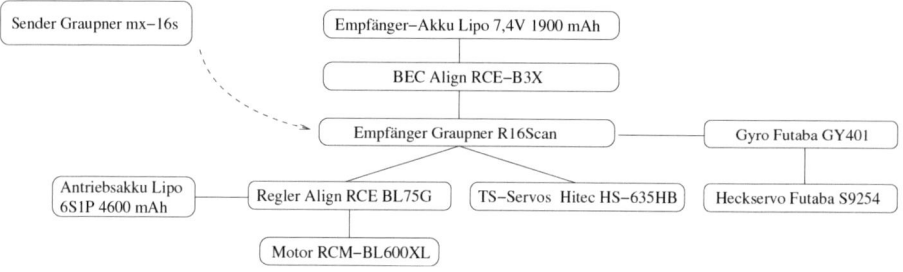

Abb. 3.1: Konfiguration mit Beispielkomponenten

Wählen Sie Bauteile anderen Typs/Herstellers oder mit anderen Leistungsdaten, so bleibt der prinzipielle Aufbau wahrscheinlich erhalten, aber die Art und Weise, wie die Konfiguration vorgenommen wird, wird sich sicherlich unterscheiden.

3.1 Verkabelung

In Abb. 3.2 ist dargestellt, wie die gesamte Elektronik verkabelt wird (die Empfängerausgänge beziehen sich auf einen Betrieb mit dem Sender Graupner mx16-s).

Da der Regler mit einem 6s-Lipo betrieben wird, ist er über einen Optokoppler vom Empfänger galvanisch getrennt und besitzt keinen integrierten BEC. Es wird stattdessen ein externer BEC eingesetzt. Der Empfängerakku versorgt über das „External BEC" nur den Empfänger, der wiederum die Servos ansteuert.

Beim GY401 müssen Sie die Nase des Anschlusssteckers abschneiden, damit der Stecker in den Empfänger eingesteckt werden kann.

Wer nur einen Akku im Modell benutzen möchte, kann alternativ zwei Zellen am Balanceranschluss des Antriebsakkus abgreifen. Im Vergleich zum benötigten Strom für den Motor ist der Empfängerstrom gering, so dass die Zellen trotzdem annähernd gleich schnell entladen werden. Dieses Verfahren hat aber erhebliche Nachteile: Sie benötigen einen guten Antriebsakku, die Unterspannungsabschaltung des Reglers funktioniert nicht mehr einwandfrei und ist der Antriebsakku unbeabsichtigt noch im Flug leergeflogen, so ist auch keine Landung per Auto-

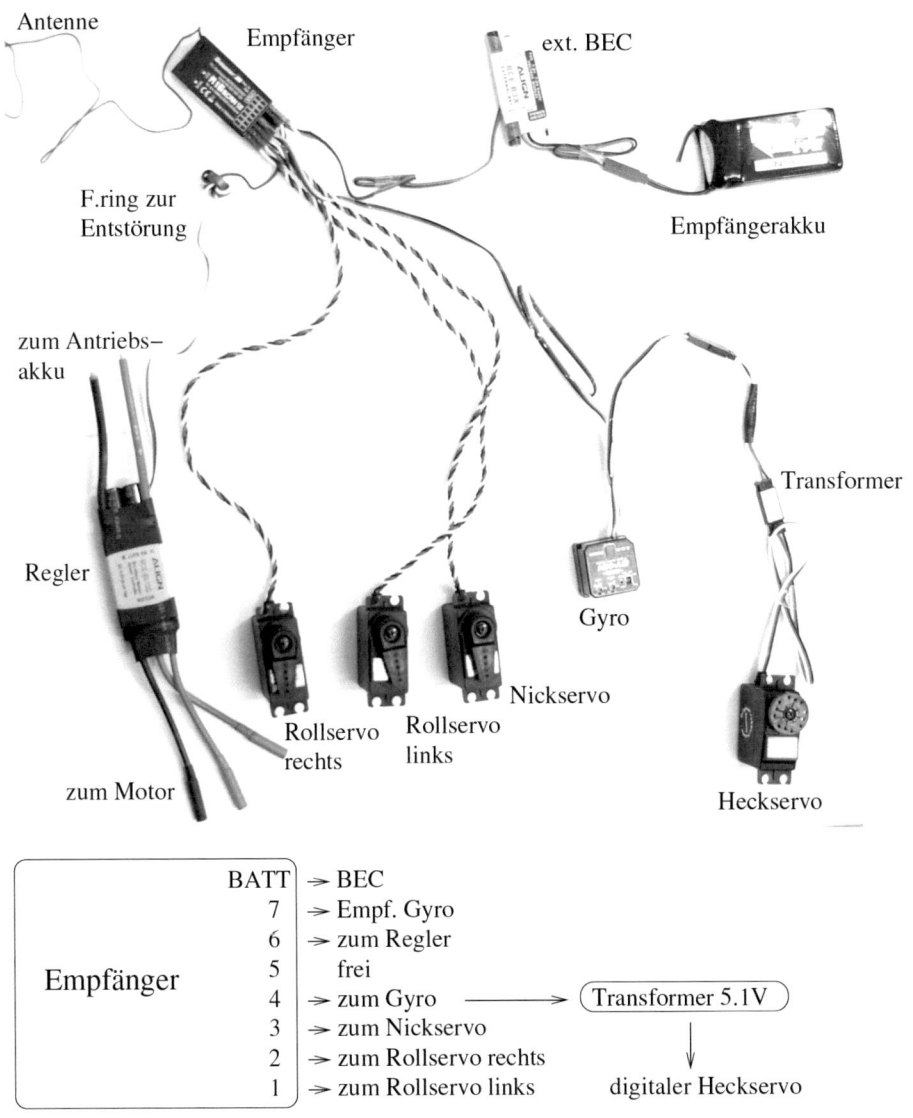

Abb. 3.2: Verkabelung

rotation mehr möglich. Deshalb ist der Einsatz eines separaten Empfängerakkus sehr sinnvoll.

3.2   Empfänger

Während man früher Sender- und Empfängerquarze einsetzte, um den Funkkanal
festzulegen, setzt man heute fast nur noch Synthesizer-Module ein. Man muss sich
daher nur noch auf das Frequenzband festlegen und gibt dem Synthesizer vor,
auf welcher Frequenz die Übertragung stattfinden soll. Dieser Abgleich passiert
beispielsweise, indem bei bereits aktiviertem Sendesignal der Empfänger einge-
schaltet wird und durch Drücken eines Scan-Knopfes zum Scannen der möglichen
Kanäle veranlasst wird (z.B. der Empfänger Graupner R16Scan). Der Empfänger
erkennt dabei das stärkste Sendersignal und speichert dessen Funkkanal ab.

Verstärkt kommen auch 2,4-Ghz-Sender auf den Markt. Diese arbeiten nach einem ganz anderen Funkprotokoll (Frequenzsprungverfahren) und erfordern keinen manuellen Kanalabgleich zwischen Sender und Empfänger. Allerdings muss
auch hier eine Kopplung durchgeführt werden, damit der Empfänger Signale, die
nicht für ihn bestimmt sind, verwerfen kann.

Konfigurieren Sie am Sender ein Helimodell und stellen den Empfänger auf den
Sender ein.

3.3   Servo-Richtungen

Jetzt wird es ernst. Sie nehmen einen Teil der Elektronik in Betrieb!

Hochwertige Gyros können sowohl analoge als auch digitale Servos ansteuern.
Haben Sie einen analogen Servo an einem solchen Gyro angeschlossen, so ist es
wichtig, dass Sie dies dem Gyro mitteilen, bevor Sie ihn einschalten. Dazu sollte
es einen kleinen Schalter am Gyro geben. Ist dieser falsch eingestellt, so können
Sie damit den analogen Heckservo zerstören!

Schalten Sie erst den Sender ein, dann das BEC. Die Servos sollten zumindest
eben zucken. Verbinden Sie den Antriebsakku noch nicht, weil bei diesem Schritt
nur die Servos eingestellt werden sollen.

Machen Sie am Sender Pitch-Änderungen mit dem Steuerknüppel. Die drei Taumelscheibenservos sollten sich bewegen. Vergrößern Sie den Pitch-Wert, so sollte
die Taumelscheibe nach oben gedrückt werden (Abb. 3.3). Für die Servos, die
stattdessen nach unten steuern, müssen Sie die Servoumkehr am Sender einschalten.

Führen Sie nun Roll- und Nick-Steuerbewegungen durch. Bewegen sich die Servos in die falsche Richtung, so sollten Sie im Taumelscheiben-Menü des Senders

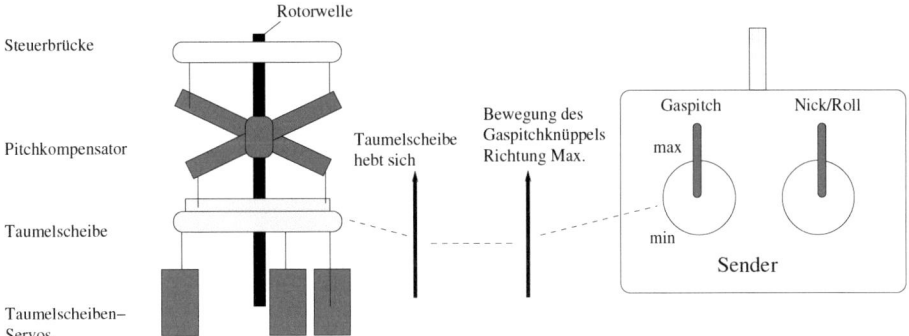

Abb. 3.3: Bewegung des Pitchknüppels Richtung Max. hebt die Taumelscheibe

die Funktion Nick- bzw. Roll umkehren. Prüfen Sie abschließend, ob sich alle Taumelscheibenservos wie gewünscht verhalten.

3.4 Gyro

Die korrekte *Grund*funktion des Gyros kann ohne Flugbetrieb konfiguriert werden. Schließen Sie also den Antriebsakku noch nicht an!

Wenn Sie einen höherpreisigen Gyro verwenden, so können Sie dessen Empfindlichkeit über den Sender einstellen. Weisen Sie einen Geber für diese Funktion am Sender zu; es bieten sich stufenlose Geber an. Ist eine Heckbeimischung am Sender aktiviert, so deaktivieren Sie diese.

Auf einer Skala von 0 bis 100% sollte der Gyro bei unter 50% Empfindlichkeit im Normal-Modus arbeiten. Stellen Sie eine geringe Empfindlichkeit ein, z.B. 25%.

Drehen Sie den Heli um seine Hochachse. Prüfen Sie, ob der Gyro korrekt dagegen steuert. Ist dies nicht der Fall, müssen Sie die Servoumkehr am Gyro aktivieren.

Bewegen Sie den Steuerknüppel für die Gierbewegungen. Bewegt sich der Servo nicht in die richtige Richtung, so müssen Sie am Sender eine Servoumkehr für den Heckservo einstellen.

Prüfen Sie, ob der Heckservo anstößt. In diesem Fall müssen Sie *am Gyro* eine passende Servowegbegrenzung (Limit) einstellen.

Die weiteren Einstellungen für den Gyro sind nur im Flugbetrieb durchführbar (Kapitel 3.7.4).

3.5   Pitch

Wie sportlich soll Ihr T-Rex werden? Soll er den agilen Hochsprung aus dem
Stand beherrschen oder ist Ihnen ein gutmütiges Flugverhalten wichtiger?

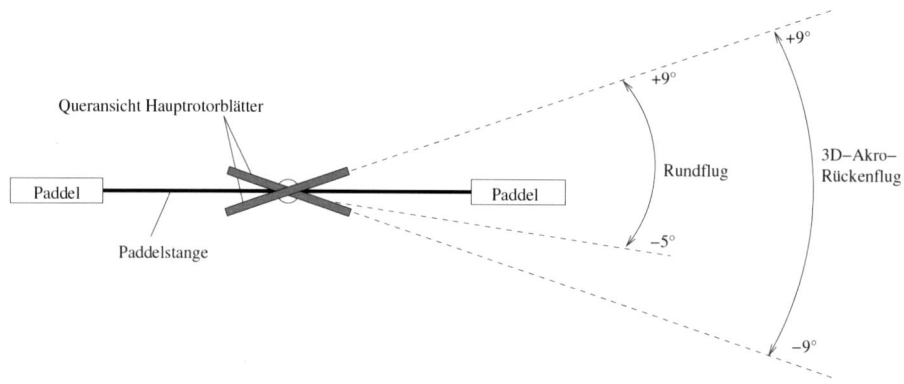

Abb. 3.4: Pitch-Bereiche für verschiedene Flugstile

Wollen Sie akrobatische Flugmanöver mit Rückenflug durchführen, so sollten
Sie einen symmetrischen Pitchbereich von -9^0 bis $+9^0$ einstellen. Für weniger
ambitionierte Piloten sollte ein Pitchbereich von -5^0 bis $+9^0$ ausreichen (siehe
Abb. 3.4). Diese Pitcheinstellung können Sie am Sender durch eine geeignete
Pitchkurve und am Modell durch Längenänderung und geeignetes Einhängen
der Gestänge erreichen (siehe auch Abb. 3.7).

Zum Ausmessen verwenden Sie eine Pitchlehre. Achten Sie darauf, dass die Paddelstange bei der Messung waagerecht ausgerichtet ist.

Es ist möglich, dass sich der Pitchkompensator bei Neutralstellung der TS-Servos
nicht in der Mitte des Verfahrweges befindet und daher an einem Endpunkt an-
stoßen könnte. Dann müssen Sie die in Abb. 3.5 markierten Gestänge für die
Taumelscheibenanlenkung und die Steuerbrücke so anpassen, dass der Pitchkompensator frei über den gesamten Weg, den die Servos vorgeben, verfahren kann.
Die Position ist einstellbar, ohne gleichzeitig den Pitchbereich zu ändern.

Wenn Sie verschiedene Flugphasen eingestellt haben, so sollte der Pitchwert an
der Schwebeposition in allen Flugphasen identisch sein, damit der Heli beim
Umschalten der Flugphasen keinen Hüpfer vollzieht.

Wollen Sie Autorotationen durchführen können, müssen Sie definitiv negative
Pitchwerte zulassen!

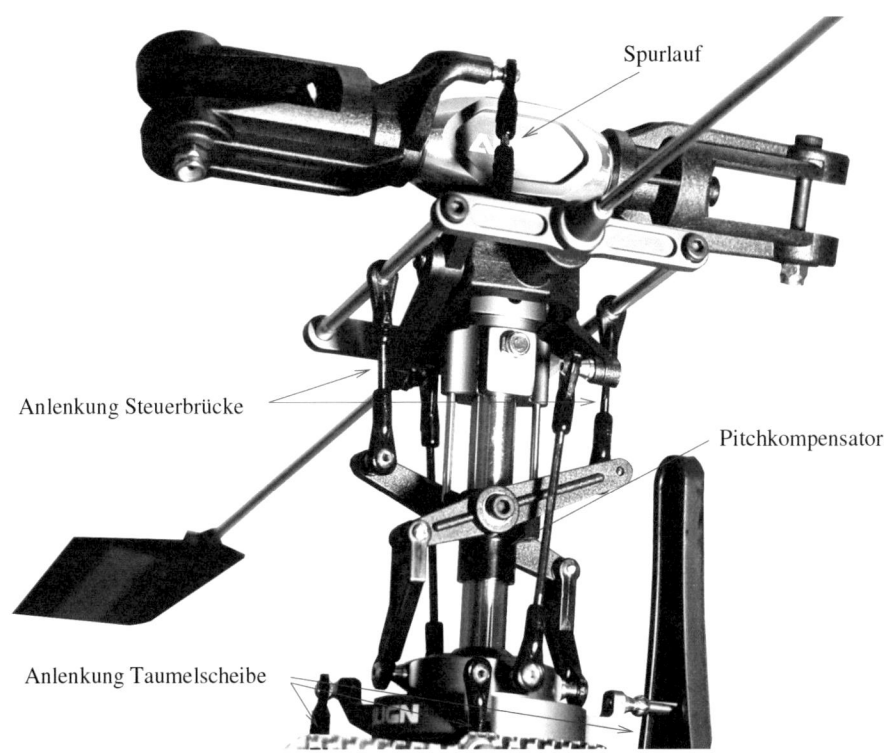

Abb. 3.5: Mechanische Pitch-Einstellung

3.6 Regler

Jetzt nehmen Sie den Regler in Betrieb. Dazu sollten Sie eine wichtige Vorsichts-maßnahmen beherzigen, um kein Verletzungsrisiko einzugehen: Schieben Sie den Motor so weit vom Antriebszahnrad weg, dass der Rotor nicht unbeabsichtigt anlaufen kann! Sichern Sie den Motor, dass er sich nicht selbstständig wieder zum Hauptzahnrad schieben kann (Abb. 3.6).

Preiswerte Einstiegsmodelle lassen nur eine Drehzahlsteuerung zu. Der Pilot än-dert dabei die Höhe durch Variation der Rotordrehzahl. Viele Einsteiger bevor-zugen diese Art der Steuerung, denn bei einer unkontrollierbaren Flugsituation führt ein rasches Ziehen des Gaspitchknüppels auf die Minimalposition dazu, dass der Rotor *nicht* mit voller Kraft einschlägt. Align rät für diese Art der Steuerung zur Einstellung der in Abb. 3.7 unter dem Flugstil *Allgemeiner Flug* dargestellten Gas- und Pitch-Kurven.

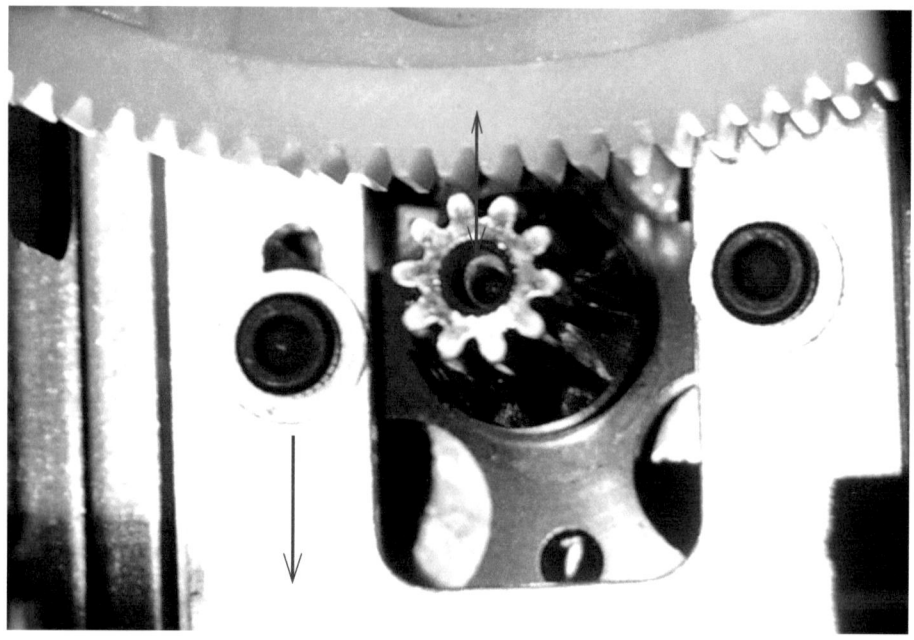

Abb. 3.6: Ritzel dürfen während der Konfiguration nicht ineinander greifen

Fortgeschrittene Piloten bevorzugen jedoch für ein stabileres Flugverhalten wie bei den manntragenden Vorbildern eine Pitch-Steuerung bei konstanter Rotordrehzahl. Nun kann man dem Regler die Aufgabe übertragen, die Drehzahl immer konstant zu halten (Governor-Modus), oder man konfiguriert eine entsprechende Gaskurve, um den Motor je nach Pitchwert mit genügend Strom zu versorgen. Align schlägt für das pitchgesteuerte Fliegen (ohne Governor-Modus des Reglers) die Gas- und Pitchkurven Idle 1 und Idle 2 vor (siehe Abb. 3.7).

Da die meisten Regler jedoch den Governor-Modus beherrschen, erleichtert es die Einstellung ungemein, wenn Sie im Sender einen über alle Knüppelpositionen konstanten Gaswert vorgeben. Dieser kann beispielsweise bei 80% liegen.

Die Konfiguration der meisten Regler ist durch Sendersteuersignale möglich. Sie müssen 0%, 50% und 100% (auf einer Skala von 0-100%) als feste Gaswerte vorgeben können.

Viele Käufer werden den T-Rex 600 mit dem Align-Regler RCE-BL75G und dem Brushless-Motor RCM-BL600XL betreiben. Im Folgenden wird beschrieben, wie Sie in diesem Fall den Regler konfigurieren. Weil die Anleitung des Herstellers in

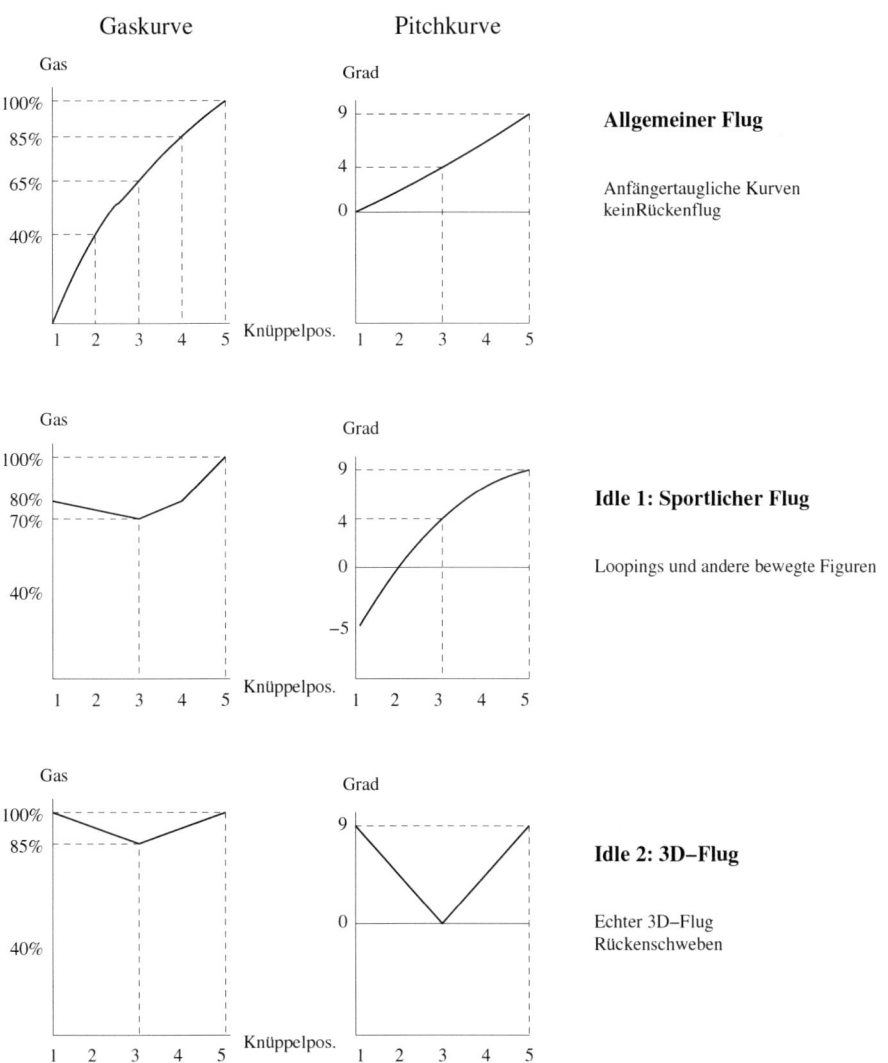

Abb. 3.7: Gas- und Pitchkurven für verschiedene Flugstile

Englisch verfasst ist, werden hier auch die englischen Begriffe verwendet:

- Brake: Deaktivieren Sie die Motorbremse. Sie könnte die Zahnräder beschädigen.

- Electronic Timing Option: Der RCM-BL600Xl ist ein 6-Pol-Außenläufer. Daher sollten Sie „Mid Timing" einstellen.

- Battery Protection Option: Wählen Sie die „High Voltage Protection", die dafür sorgt, dass der Regler ab einer Einzelzellenspannung von 3,2 V die Leistung reduziert und damit die dringend erforderliche Landung anzeigt. Verlassen Sie sich später nicht auf diesen Notnagel, sondern wählen Sie am Sender einen guten Timer.

- Aircraft Option: Wählen Sie Option 2. Dieser steht für Sanftanlauf mit Governor-Mode. Sollten Sie dem Governor-Mode nicht vertrauen, können Sie Option 1 anwählen, müssen dann aber selber geeignete Gaskurven im Sender programmieren (siehe Abb. 3.7).

- Throttle Response Speed: „Standard" dürfte eine gute Einstellung sein. Wer jedoch anspruchsvollen 3D-Flug durchführen möchte, der kann auch „Quick" anwählen. Dies geht aber auf Kosten der möglichen Flugzeit.

In Abb. 3.8 ist illustriert, wie der Regler RCE-BL75G durch Sendersteuersignale programmiert wird. Stellen die Gasknüppel auf die Maximalposition und schalten Sie den Regler ein (Antriebsakku anschließen). Damit wird der Regler in den Konfigurationsmodus versetzt. Reagieren Sie anschließend auf die Tonsignale wie in Abb. 3.8 illustriert.

3.7 Abschließende Einstellungen

In diesem großen Abschnitt werden die Einstellungen aufgezeigt, die nur mit „scharf-geschaltetem" Heli möglich sind. Für einige Einstellungen muss der Heli fliegen.

3.7.1 Beschriftung

Da die automatische Boomerang-Funktion für Modellhelikopter voraussichtlich erst im Jahre 2034 erfunden wird, sollten Sie gut sichtbar am Chassis sowohl Ihren Namen als auch Anschrift und Telefonnummer hinterlassen. Nicht selten soll es außerdem passieren, dass sich der Heli in einer Baumkrone verfängt und erst beim nächsten Sturm wieder zu Boden segelt!

3.7.2 Schraubensicherung und Einfetten

Bevor Sie den Heli nun wirklich starten, prüfen Sie alle Schrauben auf festen Sitz und befestigen Sie diese im Zweifelsfall mit Schraubensicherungslack erneut.

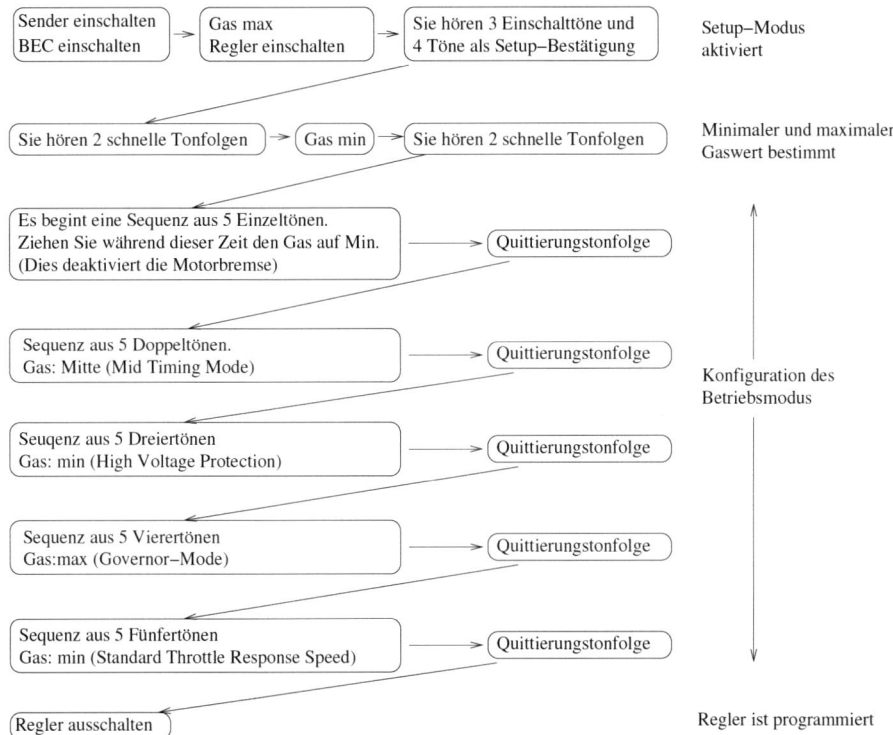

Abb. 3.8: Programmierung des Reglers RCE-BL75G

Schauen Sie, ob sich alle beweglichen Teile reibungslos bewegen lassen und fetten Sie gegebenenfalls entsprechende Bauteile ein.

3.7.3 Spurlauf

Bevor Sie mit dem Heli in die Luft gehen, sollten Sie den Spurlauf einstellen, d.h. sicherstellen, dass beide Rotorblätter auf gleicher Höhe rotieren. Prüfen Sie, ob alle Schrauben sicher befestigt sind. Wählen Sie einen windgeschützten Bereich, damit der Hubschrauber nicht durch einen Windstoß am Boden umkippen kann. Schützen Sie sich am besten mit einer dicken Schutzscheibe, denn für diese Aktion müssen Sie sich zwangsweise relativ nah an dem drehenden Rotor befinden, damit Sie den Drehteller optisch kontrollieren können. Starten Sie den Heli und drücken Sie den Gaspitchknüppel so weit nach vorne, bis der Heli *leicht* wird und fast abhebt. Schauen Sie, ob Sie aus der seitlichen Ansicht zwei Rotorebenen erkennen können. Ist dies der Fall, muss der Spurlauf verbessert werden.

In Abb. 3.5 ist das Gestänge mit „Spurlauf" markiert, durch dessen Länge Sie den Spurlauf einstellen können. Es hilft, dass die Blatthalter unterschiedlich markiert sind.

3.7.4 Gyro

Stellen Sie eine geringe Empfindlichkeit ein (z.B. 25%) und lassen Sie den Gyro dadurch im Normal-Modus arbeiten. Lassen Sie den Heli etwas vom Boden abheben und schauen Sie, in welche Richtung das Heck wegdreht. Verschieben Sie den Heckservo auf dem Heckrohr und lassen den Heli erneut etwas abheben. Wiederholen Sie diese Justage, bis der Heli ohne Drehbewegungen des Hecks abhebt. Bei der Mittelposition soll der Servoarm orthogonal zum Heckrohr ausgerichtet sein. Nun können Sie die Empfindlichkeit des Gyros schrittweise bis in den AVCS-Bereich erhöhen. Ab einem gewissen Punkt wird das Heck die Tendenz haben, sich aufzuschwingen. Jetzt haben Sie den Grenzwert für die maximal mögliche Empfindlichkeit gefunden. Reduzieren Sie die Empfindlichkeit nur ein wenig und Sie sollten die optimale Einstellung für den Flug im AVCS-Modus gefunden haben.

3.7.5 Drehzahl

Haben Sie den Regler auf den Governor-Modus konfiguriert, so lassen Sie den Hauptrotor mit seiner Zieldrehzahl drehen, ohne dass das Modell abhebt. Messen Sie die Drehzahl mit einem geeigneten Messgerät. Sie sollte zwischen 1750 und 1900 U/min liegen. Ist die Drehzahl zu klein, hat dies einen negativen Einfluss auf die Flugstabilität und kann sogar dazu führen, dass der Heckrotor nicht mehr genügend Gegenkraft zum Drehmoment aufbringen kann!

Führen Sie einige Flugmanöver durch, die den Regler fordern. Lassen Sie eine zweite Person die Drehzahl mit einem geeigneten Messgerät messen. Häufig kommt das Messgerät SkyTach zum Einsatz, welches nach dem Stroboskopprinzip funktioniert. Wenn der Regler keine Konstanz sicherstellen kann, sollten Sie den Governor-Modus deaktivieren und die von Align vorgeschlagenen Kurven (Flugstil Idle 1 oder Idle 2) verwenden.

Kapitel 4

Rund um den Heli

4.1   Ladetechnik

Der T-Rex wird standardmäßig mit einem großen 6s-Lipo mit einer Kapazität von mindestens 4500 mAh betrieben. Akkus dieser Größenordnung zählen zu den teuersten Bauteilen eines Helis dieser Gewichtsklasse. Deswegen sollte man Akkus pfleglich behandeln und auch sehr vorsichtig laden. Außerdem werden Sie wahrscheinlich auch noch ab und zu NiMh-Akkus laden müssen, die sich häufig in Senderanlagen befinden. Das Ladegerät sollte also Lipos und NiMh-Akkus laden können, es sollte aber auch Akkus entladen und Programme für die Akkupflege enthalten. Höherpreisige Ladegeräte besitzen auch mehrere Ausgänge für das gleichzeitige Laden von mehreren Akkus. Dabei haben die Ausgänge nicht unbedingt die gleichen Leistungen!

Abb. 4.1: Verschiedene Balancerkabel-Anschlüsse beim Schulze next 7.36-8

Die meisten Ladegeräte müssen an einer 12V/13.8V-Stromversorgung angeschlossen werden. Diese Stromquelle muss den nötigen Strom aber auch bereitstellen können!

Achten Sie darauf, dass bei der Ladung von Ni-Akkus mit 1-4 Zellen die Abschaltung nicht immer zuverlässig funktioniert. Die Ursache liegt im kleinen Spannungspeak in der Ladekennlinie. Ist dieser Peak nicht genügend ausgeprägt, so kann das Ladegerät diesen Knick nicht erkennen.

Wenn man Lipos lädt, ist es wichtig, dass man einen Balancer verwendet, um die ungleichmäßige Ladung der einzelnen Zellen auszugleichen. Es gibt Ladegeräte, die darüber informieren, welche Zelle wie geladen wurde.

Die meisten Ladegeräte enthalten keine eigenen Balancer, sondern sind auf externe Balancer angewiesen. Viele Akkus besitzen dazu JSP-Stecker, die an den meisten Balancern passen. Es gibt aber auch andere Steckersysteme. Die Firma Schulze unterstützt beispielsweise auch proprietäre BalCab-Stecker. Wenn man die Akkus nicht bei Schulze kauft, so kann man diese Balancer-Kabel selbst

Abb. 4.2: Externer Balancer

konfektionieren und an den Akku anlöten. Sie bieten den Vorteil, das die Schulze-Ladegeräte daran die Zellenzahl und die Kapazität des Akkus erkennen können. Die neueren Geräte von Schulze enthalten sowohl einen Anschluss für die BalCab- als auch für die JSP-Stecker (in der Abb. 4.1 ist dies die rechte Buchse).

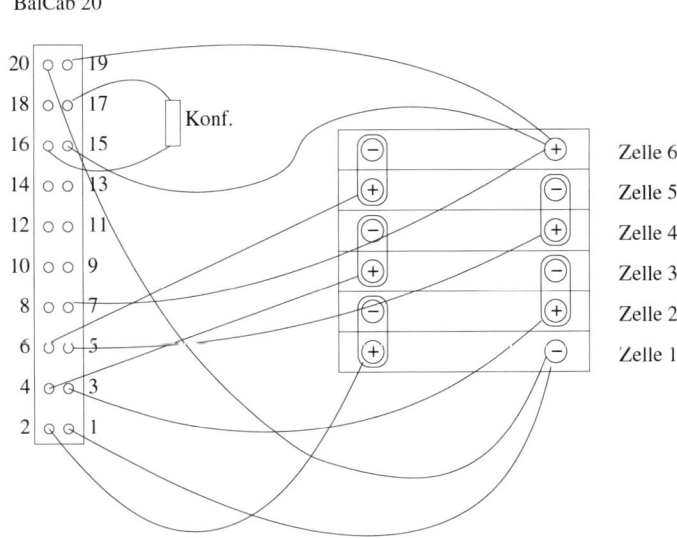

Abb. 4.3: BalCab20-Anschlussbelegung

Auf dem Bild 4.1 sind die Balancerbuchsen des Schulze next 7.36-8 abgebildet. Die Anschlussbelegung für den Schulze BalCab20- und den JSP-Stecker für eine Ladung eines 6s-Akkus sind in Abb. 4.3 und 4.4 illustriert (Sicht auf die Stifte). Mit Hilfe des Konfigurationswiderstands zwischen Stift 16 und 17 kann die

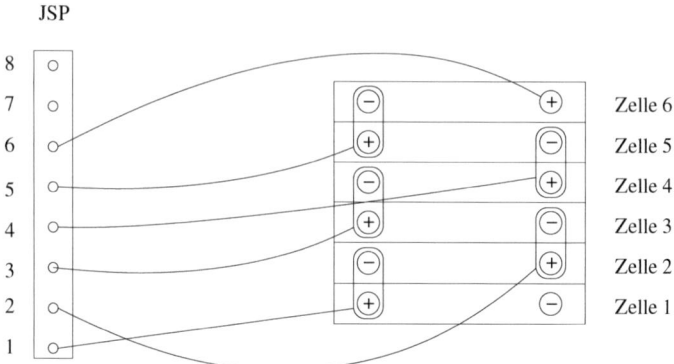

Abb. 4.4: JSP-Anschlussbelegung

Kapazität und damit der maximale Ladestrom festgelegt werden.

Ein Hinweis zum Laden von Senderakkus: Viele Senderladebuchsen enthalten eine Diode zur Rückstromsicherung. Eine Schnellladung über solche Buchsen ist nur möglich, wenn diese Diode überbrückt wird oder im Sender ein entsprechendes Programm eingestellt ist!

4.2   Festsitzende Schrauben

Insbesondere in den rotierenden Teilen müssen die eingedrehten Inbusschrauben mit Schraubensicherungslack versehen werden, damit sie sich aufgrund von Vibrationen nicht irgendwann selbstständig machen können. Diese Fixierung kann zum Problem werden, wenn diese Schrauben zur Reparatur wieder gelöst werden müssen. Immer wieder tritt beispielsweise das Problem auf, dass die Blatthalterschrauben so fest sitzen, dass man nach einigen vergeblichen Versuchen die Schraube zwar gründlich abgenudelt hat, sie aber immer noch festsitzt. Hier ist eine Liste von möglichen Lösungsansätzen:

- Kontrolle des Schraubendrehers: Ist es wirklich die Schraube oder vielleicht doch der Schraubendreher, der abgenudelt ist? Bei letzterem Fall kann man vielleicht den unbrauchbaren Teil des Inbusschlüssels abschleifen.

- Schraubengrip: Schraubengrip gibt Werkzeugen wie z.B. Schraubendrehern einen besseren „Grip". Ein Tropfen Schraubengrip auf die Schraubendreherspitze geben und den Schraubendreher mit leichtem Druck mehrfach ansetzen. Die Haftreibung zwischen Schraubendreher und Schraubenkopf soll mit Schraubengrip um bis zu 500% erhöht sein. Im Fachhandel gibt es die Tube Schraubengrip schon für unter 10 EUR.

- Erhitzen: Schraubensicherung ist hitzeempfindlich. Wenn die Schraube einigermaßen zugänglich ist und man geschickt genug ist, kann man die Schraube mit einem Lötkolben erhitzen (maximal 2 Minuten sollten reichen) und anschließend herausdrehen. Benachbarte Kunststoffteile und Lager werden dadurch möglicherweise beschädigt! Diese Methode funktioniert natürlich nur, wenn der Schraubenkopf nicht komplett ausgenudelt ist!

- Anbohren: Den Schraubenkopf ausbohren, den Rest kann man nach unten rausschlagen.

- Schlitz einfräsen: Wenn die Schrauben einigermaßen zugänglich sind, kann man sie mit einem Dremel und einer Metallscheibe einschlitzen, so dass man sie danach mit einem größeren Schlitz-Schraubendreher herausdrehen kann. Der Schlitz muss sehr mittig eingeritzt werden und nicht zu tief erfolgen, damit bei der Aktion nicht der halbe Schraubenkopf abspringt!

- Torx: Ist die Schraube schon sehr ausgenudelt, so hilft manchmal noch ein Torx-Schraubendreher. Führt dies aber zum Fehlversuch, so ist die Schraube anschließend wirklich nicht mehr zu retten...

- andere Schraube aufschweißen: Wenn man geschickte Fingerchen besitzt, kann man beispielsweise ein kleines Sechskant aufschweißen und die Schraube dann mit einer Nuss aufdrehen.

- Linksausdreher-Sets: In verschiedenen Foren berichten Leute darüber, dass sie mit billigen Linksausdrehern aus dem Baumarkt Erfolg hatten. Den Kopf der Schraube muss man zuvor etwa 2-3mm anbohren.

- Flüssigmetall: Haben Sie noch einen Inbusschlüssel übrig, so können Sie diesen mit „Flüssigmetall" (im Fachhandel für unter 5 EUR erhältlich) in die Schraube einkleben und gründlich aushärten lassen.

4.3   Sicherheitshinweise

Der T-Rex 600 ist kein Kampfhubi! Es dürfen keine vermeidbaren Gefahren von ihm ausgehen! Zu keiner Zeit sollten Sie sich, andere Personen oder Gegenstände unnötig in Gefahr bringen!

Der Abschluss einer Haftpflichtversicherung, die Schäden durch die Benutzung eines Modellhubschraubers abdeckt, ist obligatorisch!

Nicht überall darf geflogen werden; besorgen Sie sich im Zweifel entsprechende Luftraumkarten. Das Fliegen in Wohngebieten und über Personen oder Tiere ist verboten!

Wenn Sie den T-Rex 600 zum ersten Mal fliegen, sollten Sie einen windstillen Tag wählen, um sich zunächst ohne störende Nebeneinflüsse an das Steuerverhalten gewöhnen zu können.

Da der T-Rex 600 zu den größeren Modellen gehört, haben Sie zum Transport möglicherweise einzelne Teile abmontiert. Bevor Sie den T-Rex in Betrieb nehmen, prüfen Sie, ob Sie das Modell wieder korrekt zusammengesetzt haben. Achten Sie auch darauf, dass die Rotorblätter richtig eingesetzt sind.

Sind möglicherweise andere Piloten in der Nähe, ist besondere Vorsicht bei der Wahl der Funkfrequenz geboten.

Jeder Pilot sollte außerdem die folgenden Ratschläge befolgen!

- Einschalt-Reihenfolge: Sender - BEC - Antrieb nach Kontrolle der Servos
- Reichweitentest mit eingezogener Senderantenne
- Spurlauf einstellen - Vibrationen vermeiden
- Drehende/rutschende Teile mit Fett schmieren.
- Timer am Sender benutzen, um nicht vom leergeflogenen Akku überrascht zu werden

- Schraubensicherungslack verwenden

- Nach jedem Flug die Flugtauglichkeit kontrollieren und nach Schäden suchen

- Nach einem Crash Austausch aller möglicherweise beschädigten Bauteile, auch wenn die Schäden nicht offensichtlich sind

4.4   Vergleich mit dem T-Rex 450

In Abb. 4.5 ist der T-Rex 600 einmal neben seinem kleinem Bruder T-Rex 450 gestellt worden. Zur besseren Einordnung wurde noch ein gängiger Koaxial-Kleinhubschrauber dazugestellt.

Abb. 4.5: Vergleich mit anderen Modellen

In Tabelle 4.1 sind die technischen Daten gegenübergestellt.

Der T-Rex 450 ist ähnlich wie der T-Rex 600 konzipiert. Während der T-Rex 450 aber noch leicht in einem Koffer transportiert werden kann, ist der T-Rex 600 schon etwas unhandlicher. Aufgrund des größeren Gewichts ist er aber auch bei stärkeren Winden noch gut steuerbar.

Modell	T-Rex 450	T-Rex 600
Akku	3s 2000-2500mAh	6s ab 4500 mAh
Akkukosten	ab 50 EUR	ab 180 EUR
Fluggewicht	690 g	3kg
Antriebsart	Elektro	Elektro und Verbrenner-Versionen
Größe	Länge: 650mm	Länge: 1200mm
	Höhe: 230mm	Höhe: 388/405mm
Hauptrotordurchm.	700mm	1350mm

Tab. 4.1: Vergleich der T-Rex-Geschwister

Viel Spaß mit dem T-Rex 600!